经济新常态背景下大学生创新创业的多视域解读

刘　畅　包枫娇　肖　楠　著

吉林大学出版社

·长春·

图书在版编目（CIP）数据

经济新常态背景下大学生创新创业的多视域解读 / 刘畅, 包枫娇, 肖楠著. -- 长春：吉林大学出版社, 2020.10 （2025.1重印）
ISBN 978-7-5692-7586-5

Ⅰ. ①经… Ⅱ. ①刘… ②包… ③肖… Ⅲ. ①大学生－创业－研究 Ⅳ. ①G647.38

中国版本图书馆 CIP 数据核字(2020)第 215670 号

书　　名	经济新常态背景下大学生创新创业的多视域解读 JINGJI XINCHANGTAI BEIJING XIA DAXUESHENG CHUANGXIN CHUANGYE DE DUOSHIYU JIEDU
作　　者	刘畅　包枫娇　肖楠　著
策划编辑	黄忠杰
责任编辑	高欣宇
责任校对	田茂生
装帧设计	郑志仙
出版发行	吉林大学出版社
社　　址	长春市人民大街 4059 号
邮政编码	130021
发行电话	0431-89580028/29/21
网　　址	http://www.jlup.com.cn
电子邮箱	jdcbs@jlu.edu.cn
印　　刷	国铁印务有限公司
开　　本	787 毫米×1092 毫米　1/16
印　　张	9.25
字　　数	180 千字
版　　次	2021 年 7 月　第 1 版
印　　次	2025 年 1 月　第 2 次
书　　号	ISBN 978-7-5692-7586-5
定　　价	58.00 元

前　　言

　　习近平指出："青年学生富有想象力和创造力,是创新创业的有生力量。"高校是"大众创业、万众创新"的主阵地,是培养造就创新创业人才的摇篮。开展大学生创新创业教育,培养大学生的创新创业素质,鼓励大学生主动创新创业,是紧跟国际大学生创新创业教育潮流的必然要求,是落实以创新创业带动就业,推进高交毕业生充分就业政策的重要途径,是服务国家创新发展战略、适应引领经济发展新常态、促进大学生成人成才的重要举措。基于此,本书试图对经济新常态下大学生创新创业进行全面总结与客观分析,希冀助力大学生创新创业的发展,进而推动经济新常态下我国经济的转型。

　　本书共分为五章。其中第一章为大学生创新创业教育及其实践影响因素研究,主要内容包括大学生创新创业教育的现状分析、大学生创新创业实践的影响因素分析。第二章研究的是经济新常态下大学生创新创业教育,首先分析经济新常态的内涵,其次阐释大学生创新创业教育界定,以此为基础进行经济新常态与大学生创新创业教育的相关研究。第三章分析经济新常态下大学生创新创业教育体系,主要包括大学生创新创业教育组织管理体系、大学生创新创业教育课程体系、大学生创新创业教育评价体系及大学生创新创业教育社会支持体系四个方面的内容。第四章主要是推动大学生创业实践的教育策略探讨,对激发大学生创新创业精神、激发大学生创新创业意识、培养大学生创新创业能力、改进大学生创新创业教育方法、完善大学生创新创业教育体系与模式等方面的内容进行分析。第五章研究的是大学生创新创业与诚信,对诚信的基本内涵、大学生创业过程中的诚信现状及对构建大学生创业诚信体系进行细致分析。

　　在本书的撰写过程中,参考和引用了大量学术著作和学术论文,从中汲取了许多有益的成果,在此向相关学者表示诚挚的谢意。由于作者水平有限及客观条件限制,书中难免存在疏漏之处,真诚地希望广大读者能够予以批评指正,以待进一步完善。

作　者

2020 年 8 月

前　言

目　　录

第一章　大学生创新创业教育及其实践影响因素研究

第一节　大学生创新创业教育的现状分析

一、大学生创新创业教育取得的成就

（一）高校初步形成了大学生创新创业教育体系

1.开设创新创业教育课程

创新创业教育的本质是人的个性教育，目标是实现人的自由而全面的发展。高校的创新创业教育不是一定要把每一个学生都培养成成功的企业家，而是希望通过创新创业教育，让学生根据自身的特点规划出适合自己的人生道路，并依此选择合适的就业路径。因此，学校开设了创新创业教育课程，可以通过多种方式，例如必修课、选修课、讲座等来进行创新创业意识、创新创业精神、创新创业能力的培养。创新创业教育首先应该是设立独立的创新创业课程，扩大基础教育的范围，打破专业之间的限制，使基础教育和创新创业教育相结合。然后，开设跨学科的综合型课程，让学生自主选择有兴趣的学科。最后，在配套的创新创业实践体系中应用创新创业教育的理论知识。

2.形成了课堂式的创新创业教育方法

创新创业教育在国内高校展开之后，慢慢地受到高校的重视，甚至一些高校把

创新创业教育作为特色专业来发展,不仅设置有基础性的核心课程,而且还打破学科之间的界限,设立跨学科、跨专业的综合性的选修课和必修课。除此之外,还邀请成功的创业者来校指导,与同学一起分享经验,让立志创新创业的学生更加深刻地感受到创业的困难和艰辛。大学生在校对创新创业的学习,是理论知识和技能的最初准备阶段,实现创新创业教育的有效途径是创新创业的实践。因此,有些高校积极地设立专门的创新创业实践课程,或是开设创新创业实践实验室、创新创业模拟等创新创业实践、实习基地,并请专职的创新创业教师对完成的项目进行可行性评估。通过创新创业实践让具有发展潜力的学生提前进入创新创业状态,并不断地充实自己,丰富自己。课堂式的创新创业教育模式,为大学生创新创业提供了理论性的指导,充实了创新创业者的知识储备和创新创业的技能,为其未来成功创新创业奠定了一定基础。

3.初步建立了大学生创新创业教育的师资队伍

最初的高校创新创业教育的教师其实是就业指导的教师,只是在一些特定的商学院和经济学院才会有从事创新创业教育研究的教师。这两类教师都缺少创新创业教育的实践经验。现在,创新创业教育在高校已经越来越普及,高校对创新创业教育也越来越重视,投入了大量的财力、物力、人力,聘请校外企业家和创新创业成功人士、经济学专家、管理学专家等来校指导。学校要积极开办讲座或者论坛,积极传授创新创业的经验,帮助教师充实自己的理论知识。同时,鼓励教师们走进企业,参与创新创业的过程,丰富自己创新创业的实践经历,积累了一定创新创业教育的经验。

4.创新创业教育理论研究逐渐丰富

每一门学科的发展都需要理论的指导,而学科的发展又能够促进理论的丰富和完善。对创新创业教育理论的深度研究,对创新创业实践有很强的指导意义。一门学科如果没有一套完善的、系统的理论,那么它就会犹如一盘散沙,这样也会导致实践活动没有逻辑,上下前后的连接不畅。

现在,随着创新创业教育在我国高校的开展,对创新创业教育理论的研究也开始变得丰富、完善起来。一方面,最初对创新创业教育的研究只是停留在表面,深层次的研究很少,而现在大多专家开始研究如何定位创新创业的教育目标、怎么建立创新创业教育内容体系、如何完善创新创业教育评估制度、相配套的创新创业实践体系怎么建立等一系列实质性的深度问题。另一方面,对创新创业教育的研究方法发生了改变,原来大多都是定性研究,近些年来增加了定量研究和实证研究等更具有深度的方法。多种研究方法和工具的运用,也意味着该学科的不断发展和完善。

5. 形成了一些大学生创新创业教育模式

在国内,一些高等学校的创业教育发展比较晚,还没有形成一个适合当前国情的完整的、制度化的教育体系和模式。一些高校虽然有创新创业教育理论,但是很多都没有经过实践的检验,因此没有形成良好的教育模式,当前还处在多品种零散式的模式当中。随着高校创新创业教育的发展,实践检验的不断增多,当前在我国高等院校逐渐形成了三类创新创业教育模式。

第一种以中国人民大学为代表。中国人民大学将素质教育与创新创业教育结合,以课堂教学为主导开展教育活动,同时将第一、第二课堂相整合。在第一课堂设置创业管理、创业精神、风险投资等创业教育类课程,结合讨论式教学方法,培养学生的创业意识和创业精神,教授学生进行创业所必需的知识。在第二课堂鼓励学生参与各种社会实践活动,开展创新创业教育讲座,举办各种竞赛和活动,完善学生的综合素质。

第二种以清华大学和上海交通大学为代表,这是一种综合教育模式。它一方面在专业知识的教授过程中融入创新教育和综合素质培育,另一方面学校为学生创业提供所需的技术咨询和资金。上海交通大学始终贯彻三个基点(素质教育、终身教育和创新教育)和三个转变(专才向通才转变,教学向教育转变,传授向学习转变),并以此为指导来确定创新人才培养体系的基本框架和内容。目前该校独具特色的创新创业教育模式催生了一批大学生创新成果和创业企业。在清华大学,有很多创新创业教育课程,并且学校以社会实践活动为依托,以创业竞赛活动为载体,广泛实施"创业计划大赛",又设立了学生"科技创新基金",全面推动创业教育的进行与开展。

第三种以北京航空航天大学为代表,此模式以丰富学生的创业知识和提高学生的创业技能为目标,是一种创业技能培训教育。学校成立了创业管理培训学院专门从事创业教育研究;同时还设立三百万元的创业基金,为通过评估的学生创业计划提供天使种子资金。高校还成立了科技园、科技孵化器以搭建系统化的创新创业教育实践平台。

6.依托大学生创新创业教育,中国高等教育迎来进一步发展与变革

现阶段,中国高等教育已经进入大众阶段的教育。很多高等院校开始意识到这一特点,正在进行应用型转型和教育教学的变革,这些变革不仅能够为大学生创新创业的教育提供政策支持,还能够为中国高等教育大众化探索出一条健康发展的道路。高等教育大众化阶段,高校毕业生的就业问题成为工作的重心,围绕这一重心,加强大学生创业教育势在必行。

对中国高等教育来说,进行创新创业教育已然是迫在眉睫。从表面看,大学生就业压力的持续走高是由我国经济体制和经济形式的改革造成的,但是实质上是因为我国大学生人才培养模式落后,形式较为单一。创新创业需要创新理念,专业知识、现代管理知识,更需要正确的选择和决策,超强的人际关系处理技巧。因此,创新创业教育是由创新教育和素质教育两者互相融合,提炼而成的。

社会政治、经济的发展必然离不开人才的培养,大学生创新创业教育应该是顺应这一规律应运而生。现在,高校不再做远离尘世的"象牙塔",创新创业教育成为联系高校与社会的纽带。其使大学生的就业观念顺应社会的变化,也增强了大学生的创新意识和实践能力。创新创业教育带来的变化,是教育理念的转变,是人才培养观念的转变,所以,其改变的不仅仅是高校教育的主体——大学生,也必然对高校教育产生重大影响。创新创业教育注重实际应用,所以,高等教育需要解放思想,革新原有的教育体系方法和人才培养模式。例如改革招生方式,在教学中探索新的专业和课程设置、尝试新的教学模式和方法。

(二)社会对大学生创新创业教育的支撑

1.创新创业教育的舆论环境不断优化

环境不但是文化发展的成果,也是文化建设的催化剂。文化的价值是把填鸭式的灌输型的教育转化为包含教育意图的环境,进而达到"蓬生麻中,不扶自直"的教育效果。如果创新创业教育想要在社会中得到认可,那么就需要借助媒体的帮助。第一,通过社会各种舆论媒体平台,加强对创新创业教育的理念、内涵等相关知识的宣传,强化创新创业教育的舆论导向作用。第二,加强创新创业教育的实践基地、文化背景等基础设施的建设,用引人注目的创新创业的标志、形象等鼓励学生创新创业。第三,有效整合优秀的社会文化和企业文化,创造一个浓厚的创新创业教育氛围。

2.催生了我国一系列促进大学生创新创业的政策

推动社会的发展必然是离不开高素质人才,大学毕业生在促进国家进步,实现民族伟大复兴的过程中占有重要地位。做好创新创业教育,鼓励大学生自主创新创业,需要高校改变传统固有模式,改革创新,也需要国家层面的政策领导。近年来,在国家有关部门的引导下,关于大学生创新创业的各种优惠福利政策相继发布。

(1)制定贷款担保、贴息和财政补助政策

各个财政部门相继颁布了多种措施来鼓励大学生自主创新创业。例如,把烦琐的手续尽量简化,降低大学生创新创业所需要的资金担保申请门槛;在逐步完善信用制度和风险防范的基础上,在条件成熟的地方实行大学生小额信用贷款,用于资助创业;另外,在大学生创新创业的过程中还可以享受到多种政策优惠,比如增值税、营业税、个人所得税等多种减免的优惠政策。

(2)设立大学生创新创业教育基金

在国内,有许多大学生创业成功的典范,李彦宏的百度、张朝阳的搜狐、丁磊的网易等。这些企业的成长历程让许多人认识到,大学生是最具有活力和创新能力的新生力量。但是,在最初创业的时候,大学生会遇到许多困难,例如缺乏资金、缺乏场地、没有经验等。怎样才能让大学生跨出创业的第一步,成为很多人关注的问题。政府为解决难题,帮助大学生实现梦想,创立了"大学生创新创业教育基金",使他们能够更好更快地创办企业,投入资金运转,研发自己的项目,将科研成果实现现实化,这些措施加速了地方产业升级,培育了一批高科技企业。当前,"大学生创新创业教育基金"的运行已经逐渐步入正轨,无论是对资金的来源,还是申请对象和条件,抑或是资金流动的监管都有了更为明确、清晰的规定。

(3)建立大学生创新创业教育的孵化基地

大学生创新创业实践面临的首要困难是很难找到适宜的创新创业场所,大学生创新创业基地的建设及时有效地解决这一难题。另外,由政府、行业、学校以及企业共同组建的专业指导教师团队对大学生创新创业的各方面进行指导,可以降低大学生创新创业风险,提高学生创新创业的成功率。各个高校的创新创业基地陆续建立起来,比如在高校较为集中的河北省保定市,由地方政府和驻保高校联手组建的保定国家大学科技园,集创新基地、产学研合作示范基地、高校师生创新创业实践基地、战略性新兴产业培育基地等诸多功能于一身,作为当地重要的大学生创新创业教育的孵化基地,已经逐步成为大学生自主创业的舞台。

（三）大学生对创新创业教育的认识得到进一步深化

1.大学生自主创新创业意识增强

现阶段大学生面临着就业压力大的问题，一些大学生能正确地认识现在的就业形势，调整自己的心态来适应现代社会的变化，以积极健康的心态去迎接挑战。他们不再只是被动地去选择职业，而是主动尝试自主创业，对自主创业持有积极主动的态度，创新创业意识也在不断地增强。

以创新创业意识为基础，进一步明确自己的奋斗目标。明确人生目标是成功的开始，也是创新创业的起点。因此，大学生明确自己的优势和不足，取长补短，努力培养自己的创新创业的能力，不断地完善和发展自己。

2.有意识地积累创新创业经验

创新创业经验是一种非知识体系的东西，但却有助于人们深刻地感悟创新创业实践，更有效地推动创新创业发展。在创新创业的过程中，大学生没有成功的一部分原因就是创新产业的经验不足。因此，有些大学生会从成功创业的模范人物和社会上专职创新创业讲师那里获取经验，激发自己创新创业的热情，积极主动地参与创新产业的社会实践；有些大学生会主动去企业参观、学习，借鉴先进的经营理念和观念，提高自己的创新创业意识。在课余时间，一些大学生可以自己或者以组成一个小团体的形式开始尝试创业，这样能够获得最真实的创新创业的经验，而不只是学习书本上简单的理论阐释。多种经验的获取方式，让大学生创新创业经验变得丰富起来，为创新创业奠定扎实的基础。

3.大学生创新创业实践的大胆探索

在国内，高校的创新创业教育一般是理论式的讲授，虽然有相配套的实践基地，但是因为是实验室形式的，所以到最后一般都是以失败告终，学习到的知识也是有限的。

如今，创新创业教育受到越来越多的关注，高校、社会、政府等多方合作，为大学生的创新创业提供多渠道的资金来源。有的地方还为大学生创新创业创立了基金会组织，积极鼓励和正确引导他们的创新创业，解决资金的后顾之忧。国家出台了相关的政策、法律、法规等，为大学生创新创业资金贷款业务提供"一站式"优惠，优先贷款资格，适当发放信用贷款，简化贷款手续、减免税、免费咨询有关创新创业方面的问题等便利措施,有了这些基础创新创业保障,高校大学生面对着诸多的便利条件,积极投身到创新创业实践中去。

二、大学生创新创业教育面临的问题

(一)我国创新创业教育的战略引领亟须强化

1.创新创业教育理念实施有待提升

由于创新创业教育目标的不明确,导致创新创业教育的理念较为短视。创新创业教育首先应该培养受教育者的创新意愿和个性,然后再培养受教育者基本的创业技能和企业管理技能。因为对这两点的认识不够充分,所以我国的创新创业教育目前呈现出一种"为了创业而创业"的教育。创新的概念没有真正融入教育的核心价值体系,造成在意识层面无法构建一个完整的体系。具体表现在以下方面。

(1)对创新创业教育的理解较为片面

现阶段,从教育主管部门到学校的师生对"创业"的认识都不够充分,具体表现在三方面。

①教学主管部门把创新创业教育看作是引导和教会学生如何创办企业,创新创业知识、政策、技巧等都被纳入高校毕业生就业指导工作中,对这种教育的期望也就是缓解来自就业的压力。

②教师认为创新创业教育只是针对少数人的个性化教育或者是精英教育,属于第二课堂的辅导项目,因为它不在考评体系内,所以一般都是应付了事。

③学生把创新创业教育简单地看作是办企业、当老板、搞批发、卖淘宝货物,并不认为创新意识的培养和创业能力的提升能够提升自身的综合素质。

(2)对创新创业教育的工具主义倾向

因为创新创业教育具有实践性较强的特点,所以在形成系统和广泛的共识之前,创新创业教育很容易被简单化为个体获取某种实际好处的工具。这一点可以从目前国内许多高校采取的对创业者技能培育的教育模式中得到印证。比如,许多学校通过设立创业基地或孵化器,指导学生创办小微企业或从事经营相关的活动来体验创新创业教育。以"创业大赛"的形式组织学生参与竞赛,推广创新创业教育。开办创业类课程过于关注实训和操作层面,迎合学生对于技能的要求。上述种种情况折射出的是将创新创业教育庸俗化和工具化的倾向。在这种"实务"教育之下,实现创新性人才的培育和企业家能力的培养都是十分困难的。

2.创新创业教育政策制定有待规划

政策体系的基本特点就是其自身是一个内在统一的有机整体,但从目前我国大学生创业教育政策体系的现状来看,呈现出明显的碎片化特征,尚未形成一个内在统一的有机整体,这突出表现在以下方面。

第一,高校创新创业教育的政策出自许多部门的政策文件中,他们虽然都是站在大学的层面上考虑,但实际上却没有形成统一的政策制定和发布主体。受教育者希望能够得到多方面的支持,从资金、政策到信息等,只靠一个部门来满足这些诉求显然是有很大困难的。在高校内与学生创新创业相关的部门包括教务、学生处、团委、就业指导中心、学院、后勤、科研、财务等。关于创新创业教育的政策零碎地存在于各个部门制定的文件要求中。在创建创新创业教育体系时,各个部门大多是各自为政,独立发布要求和主张。随着社会的发展和体系的不断完善,人们开始逐渐意识到部门之间联系合作的重要性,于是他们联合发布一些政策。总体而言,这些来自不同部门主体的政策,其政策设计很难做到从创新创业教育体系的整体角度出发。即使是联合发布,也无法体现出政策的内在统一性,仍是基于本部门的管理领域和角度,从而造成相关政策碎片化的现象。

第二,创新创业政策分散在就业政策中,在全社会尚未形成真正能够支持创新创业的政策体系。我国大学生创新创业政策的产生,最主要的特点是把创业政策作为促进就业工作的一项举措。创新创业政策分散在各个就业文件中或者是通知规定中,专门针对大学生创新创业的政策相对较少。这些散落于就业文件中的创新创业政策,或是各部门对国务院通知要求的进一步规定,或是重复其他部门发布的政策内容,缺乏系统性。

地方政府在创新创业教育方面的作用主要表现在政策、技能、资金等方面的支持及风险的防控。这些层面的支持不能只是暂时的,它更应该是长期的、连贯的,这样才能使创业者在创业的过程中更有效地开展行动并确保成效。用创新创业来促进就业,这种功利性的考虑,使得上层设计对政策目标的考量不够长远,从本质上看,这些政策支持并不是扶持创新创业,是在解决就业困难的问题。以创新创业带动就业的思维模式,直接使得相应的政策设计有着明显的应急和临时的特点。现在社会就业压力大,竞争激烈,为了缓解就业压力,政府部门会出台一些促进大学生创新创业的措施;在就业市场又出现新状况时,又会颁布新的应对措施。政府主管部门的政策有着明确的功利考虑,对于基层创新创业教育的开展必然会产生负面作用,创新创业教育也就自然无法持续、稳定地发挥它应有的作用。

高校创新创业教育的提升发展需要站在整体的角度进行考虑,如何整合系统内部的资源、充分发挥系统内部不同要素之间的作用,保持创新创业教育内部生态系统对外部环境的开放,这些对于创新创业教育事业的发展具有十分重要的意义。

(二)我国创新创业教育的协同机制亟须优化

1.政府主导作用有待强化

总体而言,政府尚未通过制定政策、引导舆论、建立机构、协调关系、提供资金等方面为高校创业教育创造有利的发展条件和良好的外部环境,创新创业教育领导机构的主导作用有待强化。

具体来说,政府主导作用在以下几个方面尚未发展成效。

(1)政策机制的导向作用。从高度上做好宏观指引,建立健全大学生开展创业教育的相关体制机制。比如,创业政策与现实情况会有一些差距,创业政策的支持应更接地气。

(2)创业教育的激励作用。加大高校开展创业教育的激励力度。比如,从师资培养、课程建设、职称评审等方面去引导高校教师投入创新创业教育中。

(3)引导整合创业资源作用。整合相关职能部门的资源,为大学创业教育完善渠道和平台,引导资源有效利用。例如,政府没有牵头建立由政府、高校、科研院所和企业相互协同的组织机构来指导创新创业活动的开展;社会之间、高校之间孵化器交流程度低,资源重复利用率高,"各自为政"的现象普遍。

(4)企业与高校之间的"桥梁"和"枢纽"作用。例如,由企业开创"创客基地""创业论坛"等,让学生走进企业、感受企业,激发学生创业灵感,而不是仅仅局限于校园内。

2.政策支持与高校实际需要有待进一步契合

目前,政府政策支持的重心方向和高校实际需求不一致,这在一定程度上导致了"制度性压抑"。政府发布了很多有关创业优惠和扶持的政策,但政府制定政策的主要目的是缓解就业压力,大多数是针对准备创办实业的在校生或是毕业生提供小额贷款和税收优惠,没有充分考虑涵盖各个层面的大学生创新创业教育的需求特点,也没有覆盖到全体学生,这对于就业机会较好,或者是已经就业的大学生来说,吸引力不足。除此之外,政府所发挥的作用应该影响到大部分的高校生,之前没有经历过创业的大学生更应该得到扶持和帮助。因此,政府在政策扶持、信息咨询和项目支持等方面作用的发挥具有十分重要的意义。

部分政策不符合高校实际需要。以 SYB(全称是 Star Your Business)创业培训为例,某省政府规定给予每位参加创业培训并取得合格证书的劳动者,凭学员身份证和创业培训合格证,向培训机构所在地人力资源和社会保障部门申请相应补贴,其中,创办企业培训每人最高 1000 元;由有关创业服务机构、行业协会等开发,并经省人力资源和社会保障厅会同相关部门组织评审纳入补贴范围的创业培训(实训)项目,每人最高 2500 元。该培训的水平层次和在校大学生是不同的,在实际情况中,这类补贴并不能落实到学校。

部分政策没有得到有效的贯彻实施。以高校为例,在支持大学生创业的工商注册问题上,大多数创新创业团队希望利用学校作为注册地,但是因为学校的土地性质是教育用地,而不是商业用地,需要办理一系列复杂手续并且所在学校承担全部责任方可作为商业的用途,最终只能是在高校以外的社会孵化基地进行落地。再比如,各地出现的小额担保贷款、大学生税收优惠政策及资金补贴、场地的安排等一系列的扶持政策,受创业政策的约束和创业环境的限制,造成市场经营成本上升,为适应不断变化的创业政策和创业环境,大学生新办企业的规模受到了一定影响,在一定程度上制约了大学生创业的发展。

部分政策和创业主体存在信息不对称的现象。教育部颁布了许多支持大学生创新创业的政策和扶持措施,并且一部分政策和举措已实施好几年,但有相当一部分创业的学生群体仍对政策没有理解或理解甚少,在实际创业过程中没有享受到应有的福利或支持。政策与创业主体之间信息不对称的问题仍然存在。

3.高校与外部环境的协同有待优化

高校在开展各类创新创业实践中,与政府或企业共建创新创业教育平台的仍属少数,与企业之间的创新创业教育合作仍有很大的发展空间。高校与外部环境的协同程度明显偏低,需要寻找更多的"切入点"和"共同点"。

高校的目标和任务是培养创新创业人才和取得科研成果,企业的目标是追求经济效益最大化。由于参与协同的双方利益分割,参与创新创业教育的人员利益诉求各异,加之协同成功后利益分割没有统一的标准,时有变更,随意性大,容易导致分歧和摩擦。

社会和企业对创新创业教育没有做到真正的支持。现今创新创业教育最大的问题就是理想和现实的实际状况存在差距。一方面,从企业、高校、社会的联系来看,还存在沟通渠道不够通畅、对社会需求的反应不够迅速等问题。相对而言,高校在捕捉市场动态、分析市场需求等方面不及企业高效、快捷,从而在创新创业教育方面会存在一定的滞后性,需要企业进行相关信息的补充或更新。另一方面,目前大多数企业家尚未认识到高校创新创业教育对于企业未来发展的重要作用。许多学校与企业签订了实习实训合作协议,但其作用仅仅限于参观考察或者毕业实习,重视程度不足。企业也没有提供专门的创业导师、扶持资金、创业讲座论坛、创业实习基地等有效平台。学校与企业之间欠缺一种为学生提供项目、资金、场地等的长效机制和渠道。

4.高校内部对创新创业教育的共识度有待增强

高校内部各主要部门未能对创新创业教育形成统一的看法,造成在制度、实施、活动、协作等方面都存在不同程度的缺陷和不足。

制度有待健全。一是缺乏系统的规划,缺乏对创新创业教育的顶层设计,实施的路径不清晰。二是制定的一些政策不具体,缺乏针对性、实效性。虽然出台了一些鼓励大学生创业的规定,但是这些规定真正实施起来不仅程序复杂,而且作用也不大。从事创新创业教育的教师和投身创新创业实践的学生,有时无规可依或没有积极性。

实施力度有待加强。从人才培养方面来看,虽然大力宣传创新创业教育的理念,但实际上高校还只是停留在会议、文件和口头上,并没有真正落实到教学观念、培养模式等教育教学的关键环节中,也没有落实到教师、学生的教学和实践上。比如,在人才培养方案中,未将创新创业相关课程列为必修课,未突出大学生创新精神、创业意识和创新创业能力的培养,可供选择的创新创业教育课程不多,创新创业教育师资队伍相对薄弱,教师指导学生开展创新创业的积极性不高,学生创业实践基地的孵化能力和聘请的创新创业导师不能满足创业学生的需要。

活动的深度和广度有待延伸。从创新创业氛围营造来看,部分高校虽然举办过创新创业大赛、创新创业讲座,通过各种媒介对典型创新创业学生进行宣传报道,但是影响面和影响深度还不够。例如,创新创业大赛停留在选拔创新创业精英的层面上,参与大赛的学生人数较少,没有真正形成学生广泛参与、创新创业意识深入校园各个角落的局面;对创新创业政策、典型人物的宣传一般只是在校园网上能看到一两篇(张)的报道或是海报,没有形成广泛的关注、全校联动的长效机制;还未形成学生投身创新创业实践的热潮。

创新创业孵化协作机制有待完善。目前,高校内部参与协同的各个环节发展水平差距大,运作步调不一致的问题比较突出,无法满足孵化机制全面运行的需要;未能发挥校级创新创业教育领导小组的决策职能;教务处、学生处、科技处、就业指导中心、团委等相互配合的效率不高,齐抓共管的格局尚未形成。另外,还存在补位缺失、工作重复等现象。

(三)我国创新创业教育的文化支撑亟须加强

创新创业文化既是经济社会发展的直接驱动力,也是开展创新创业教育的根基和引擎。一个国家的创新创业教育在根本上也有赖于文化的支撑。从现阶段的情况来看,在国家和教育行政主管部门的大力倡导下,创新创业教育虽然取得了一定的成绩,但是创新创业教育的文化支撑还是相对薄弱,有待加强。

1. 对于创新创业文化的理解有待于进一步厘清

学校的创新创业文化是创新创业文化在校园领域的延伸。学校的创新创业文化包括创新创业物质文化、创新产业实践文化和创新创业精神文化等方面。结合当前的实际情况,学校的创新创业物质文化主要指创新创业教育的场所、设施、器物等;学校的创新创业实践文化指的是在创新创业教育过程中主体与客体相统一的活动;学校的创新创业精神文化指的是在创新创业教育中所营造出的对于参与其中的人具有感染性的思想氛围,敢为人先、勇于开拓的企业家精神,以及与创新创业有关的思想、观念体系。

2. 对创新创业文化作用的认识有待于进一步明确

文化作为一种软实力,发挥着导向、凝聚、动力等方面的作用。文化软实力是一个国家的文化体现出来的凝聚力、吸引力、影响力。创新创业文化作为一种文化,对小到学校的创新创业工作,大到一个国家的创新创业大局都能起到支撑的作用。

首先,创新创业文化对创新创业的支撑体现在明确目标上。创新创业文化确认了一个发展方向,通过文化环境的影响,使创新创业的参与者能够清晰地感受到当前的创新创业教育工作所给予的鼓励和支持,从而在社会范围内树立起崇尚创新创业的风尚。要不要去创新创业、如何创新创业,对这些问题的正确回应和解答成为社会共同的目标和信念,能够使人们在遇到问题和困难时排除外来的干扰和内心的困惑,选择正确的道路。

其次,创新创业文化对创新创业的支撑体现在凝聚上。现今所处的社会和之前的相比较而言,一个巨大的变化就是社会成员的"原子化"趋势越来越明显。对于个体的人很难像之前那样能够轻而易举地组织起来。尽管如此,创新创业文化对拥有创新创业意愿的人来说,是一种召唤和组织,能够引起共同的关于"创新创业"的兴趣,将许多零散的"创客"们集聚起来,成为一个"集体"。

最后,创新创业文化对创新创业的支撑表现在激发上。创新创业文化是一种社会意识形态。作为意识形态,创新创业文化同样是具有历时性维度的三个阶段:自在阶段、自为阶段、自在自为阶段。即有关创新创业的思想、观念、知识体系等,以活动为主要形态的物质实践过程,经过了在该指导思想下的活动实践的人将其作为自己内在的固有的思想并按照这种思想自觉自愿地去行动。因此,创新创业文化所提供的不仅仅是知识、思想和观念,也不仅仅是实践活动过程,而是要通过这些实践活动过程,将原来外在的、需要进行教育或灌输的知识或观念内化为创新创业者自身的一部分,让"创新创业"成为创新创业者的无意识,使其自觉自愿地"按照这样去做",将其能力和潜力充分发挥出来,并在现实的工作中发挥实实在在的作用。《国务院关于大力推进大众创业、万众创新若干政策措施的意见》(国发[2015]32 号)中,明确提出,推进大众创业、万众创新,是激发全社会创新潜能和创业活力的有效途径。在现阶段,我国创业创新的理念还没有贯彻到人的内心深处,创业教育培训体系还不够完善,创新创业的能力有待提高,激励创新的环境氛围尚未形成。推进大众创业、万众创新,就是要加强全社会以创新为主的创业教育,弘扬"敢为人先、追求创新、百折不挠"的创业精神,厚植创新文化,不断增强创业创新意识,使创业创新成为全社会共同的价值追求和行为习惯。这就是创新创业文化的动力作用。

创新创业文化的支撑作用已经随着创新创业工作的不断推进显现出了强大的力量。杜玉波在全国高校实践育人暨创新创业现场推进会上明确提出,"要抓住重大活动、重大事件、重要节日等契机和暑假、寒假时期,紧密围绕一个主题、集中一个时段、广泛开展特色鲜明的主题实践活动","及时总结推广各地各高校的好经验好做法,发掘树立先进典型和优秀事迹,弘扬当代大学生积极投身实践、勇于创新创业的正能量,以榜样力量激发学生成长成才、创新创业热情。通过引领创新创业文化,带动引领创新创业潮,进一步推动大众创业、万众创新"。①

---

　　①　滕利荣,孟庆繁. 开拓创新协调发展:构建高校与社会协同实践育人新模式[M]. 长春:吉林大学出版社,2013.

3.创新创业文化存在的问题有待于进一步解决

创新创业文化发挥着巨大的作用,但是在当前的工作中,创新创业文化所发挥的作用非常有限,还需要进一步扩大,其对于创新创业的支撑作用还需要从各方面努力进行固化。

第一,高校普遍对创新创业文化的理解存在片面性和差异性。有些学校比较重视对创新创业课程的建设,希望能够通过课堂教育来加大对学生创新创业思想的灌输力度,进而在思想层面进行创新创业文化的建设;有些学校比较重视创新创业类活动的举办,创新创业典型的树立,创新创业相关场所的建设和器物的置备,比如,学校内外孵化器的设置等,希望通过非常直观的方式来加深创新创业文化氛围对学校师生的影响和熏陶,通过增加活动的机会,在实训中营造创新创业文化氛围。无论是创新创业知识的课堂教学、创新创业大赛的举办、创新创业典型的树立,还是创新创业项目的落地运营,都是创新创业文化建设不可偏废的一部分,任取其一都有可能造成其他方面的不足,从而影响到创新创业文化对于创新创业教育所发挥的支撑作用。与学生进行创新创业实践相比,创新创业教育的普及程度还比较低。高校创新创业教育的育人功能相对薄弱。

第二,目前的创新创业文化尚处于初级阶段。作为一种文化,要想发挥其"软实力",就必须有清晰明确的核心价值,在建立核心价值的基础上,逐步展开,使该文化范畴内的思想、知识、活动、物质等都以核心价值为中心,成为核心价值在多个领域的拓展。但是,从目前来看,一种能够在一定范围内,比如一个学校或一个地区内有影响的创新创业文化尚未真正地构建起来,更不要说建立国家层面的创新创业文化。创新创业文化不只是要从历史古籍中去总结,不只是要从地方特色中去剪裁,还需要从目前正在进行的创新创业实践中去发掘。我国的创新创业工作特别是创新创业教育工作得到大发展是近些年来的事情,这个过程需要积累,在积累的基础上总结,才能得出对于社会具有真正导向性的创新创业文化。

第三,创新创业文化弥漫着浓厚的功利性。创新创业作为一种人类实践,一般是通过结果来进行评价和衡量的。但是,仅仅看有没有科研成果,创业是否能够带来盈利,甚至把这种功利性的思维融入创新创业的发展过程中,长此以往,会对创新创业带来巨大的危害。过程和目标、手段和目的分别是哲学中成对出现的范畴。从创新创业教育过程来说,现阶段之所以体现出一些功利性的色彩,主要原因在于没有明确创新创业教育过程和目标的重要性。其实,创新创业教育就如同人类社会历史中的实践,具有一个螺旋上升的过程。在这个过程中会有失败,也会有成功。当前,在全民参与到创新创业的热潮中,会遇到很多困难,这些困难大多来自现有的以结果为导向的考评体系,注重的是有多少创业型公司注册,拿到了多少融资,有多少盈利,解决了多少就业问题。诚然,这些都是创新创业教育应该解决的问题,但不是在目前阶段就应该通盘考虑的。创新创业教育在现阶段应该通过思想教育,通过现有的、可能的实践活动来激发人们脑海深处的"创新创业"意识,端正创新创业的态度,坚定创新创业的意志,从一代代人的亲身体验中,成为人们的"惯习"。而这些,正是需要通过新的创新创业文化的塑造来完成的。

(四)高校内部的创新创业教育仍存在诸多挑战

1.制度设计面临的挑战

(1)高校创新创业教育体系不健全

①课程教育体系不完善。随着时代的发展和社会的进步,经济的竞争逐渐演变成了人才的竞争,创新创业教育变得越来越重要。现在高校也认识到了创新创业教育的重要性,很多学校都没有一套完善的双创教育体系。比如,现在很多学校都比较重视技术、技能的培训和发展,较少注重创新意识,很多有关创新的发展认识还有待完善。

高校在创新创业教育课程设置上也存在一些问题,例如,教学体系不科学、课程设置不紧密等,具体表现在:教学体系不完善,创新创业课程很少,所占教学比重小,这些因素都会导致无法实现创新创业教育的目标。

大部分高校的创新创业教学课程体系不够完善和系统,基本上创新创业都是选修课,几乎很少作为必修课出现,一般都是安排在管理类课程中,其他课程涉及得较少,而且还没有相关教材作为依据,授课效果不好,不能对学生进行系统、完善的知识构建教育,即创新创业教育并未列入常规的教学中去。有的学校甚至都没有开设此类课程。当前,大多数高校在创新创业课程设置上都是自行安排,没有统一的教材,因此,各高校在改革课程设置体系时要把创新创业教育融入教学活动中,促使双创教育体系更加完善。高校双创教育体系的完善有利于加大对大学生创新创业能力的培养力度,有利于丰富学生的理论知识,有利于激发大学生的创业热情,从而提高学生的创新创业技能。

②教学队伍不健全。教师的主要任务就是教书育人,但是对创新创业教育的老师来说,单单这些是不够的,他们是创新创业的参与者、组织者、引导者,因此,需要丰富的专业知识和实践经验。即便一些高校开设了创新创业课程,但是他们的指导老

师一般只是普通任课老师或者是院系主任,这些教师往往缺少实践经验,只有理论知识,在给学生传授知识时难免会有一些疏漏,不同教师对创新创业的认识又会有所差异,这使学生学到的知识更加混乱。教师需要教授学生的是一套完整的体系,不健全的教学队伍使学生的知识无法系统地联系到一起,影响创新创业能力的培养。

③培养方式不合理。现在很多高校都愈来愈重视创新创业教育,但一般是通过授课、讲座、创新创业比赛或者培训班等方式,这些方式方法较为单一,还有很多需要完善的地方。目前,高校的创新创业教育培训大多是面对特定专业的学生,其他专业的同学虽然有兴趣,但却接触不到,这就造成了知识裂缝,不能让更多对创新创业有兴趣的同学参与其中。

(2)创新创业评价机制不科学

教师考核评价机制不合理。高校在教师考核时主要围绕教师的教学、科研等工作,这些考核评价机制可以监督、督促教师的工作,但从长远考虑,教师的考核评价还存在很多问题:

首先,注重科研、轻教学。现在评价高校的重点是观察学校的办学规模、教师学术水平、师资队伍以及学校的硬件资源。其中,最为看重的是学校教师的学术水平,在教师考核上注重教师的科研成果、课题申报、发表论文数量等,因此,有些教师就会为追求数量而忽视质量,从而出现了重科研、轻教学的现象。

其次,繁重的工作量。高校把教师的教学工作量安排得非常多,教师每天忙于上课,而剩下的备课时间较少,这样就会导致没有时间学习、接纳新的知识,无法提高教学的质量。

再次,常规性考核中定量考核不科学。高校对于教师的考核一般会从教师的"德、能、勤、绩"四个方面来进行量化考核,但实际情况是,考核形式过于形式化、片面化,实际的操作性不强。

最后,考核评价标准比较单一。现在的高校包含多种学科,不再局限于单一的学科种类。每个学科之间是存在差异的,因此,在考核中使用单一的评价标准是不科学、不合理的,高校应该依据情况来制定科学化的考核评价标准,可以尝试采用多种评价方式来进行量化考核。

学生创新创业评价机制没有明显地体现出来。高校对于大学生创新创业能力的考核上还有很大欠缺。大学生的创新创业能力很难纳入评价机制中。部分高校认为创新创业教育不是一个专业,也不是一个重要的学科,即使开设了课程,但是一个学期下来,也就三四个课时。课时少,老师不留作业,更没有具体的考试方案。在课堂上尚未建立激励体系,在教学中学生不是主体,在创新创业实验中很少体现出对大学生的基本操作技能与创新创业能力的考核。

　　现在高校对大学生的考核一般是安排学期结束后,考核的内容大多是专业课知识,把考试成绩当作评判学生学习成果的标准,尤其是一些文科考试,很少会涉及课堂、实验室和学校等以外的知识,在理科考核上也很难做到理论和实践的融合。学校没有制定出对大学生创新创业能力考核和评价的标准。学生各有特色,各有所长,不能用同样的标准来评判,不能把学生的创新创业能力纳入考核中,这样不易激发学生的创新创业欲望。双创教育理念和双创教育价值观要兼顾全体学生的全面发展和终身发展。

　　(3)创新创业激励机制未落实

　　高校大学生创新创业激励机制是在明确培养创新创业人才目标的基础上,通过使用激励、鼓励的方式让大学生的行为更接近目标,激发其内在思维和外在行为,进而实现创新创业教育的培养目标。

　　现在很多高校中使用的创新创业的激励机制是不科学的。具体表现如下。

　　①激励政策标准过高。评判标准一般是论文发表、课题申报、申请专利、自主创业等,这些标准对学生来讲有的过高,很难达到。

　　②没有营造出一个鼓励的氛围。很多高校对创新创业的宣传没有做到位,都是"喊得响,做得少"。营造一个良好的创新创业氛围,有利于促进创新创业教育。

　　③激励机制不合理。现在高校对创新创业教育愈加重视,各地举办的创业竞赛不断增多。但是,参赛者的激励机制却不合理。在很多情况下,校方只是看中比赛的结果,对获奖或者取得名次的学生进行奖励,如果学生没有取得较好的成绩,即便学生和教师付出了很多努力,依然不会获得相应的鼓励,因此,会让很多学生感到气馁,不利于调动学生的积极性,还会导致参赛者产生功利化意识,只是为了比赛而比赛,为了获奖而比赛,并不是对创新创业产生真正的兴趣。

　　④激励机制太过于形式化。有些高校为了鼓励学生参与创新创业活动制定学分制度,只要学生去参加就会加学分,这样就会造成学生敷衍了事,不利于创新创业活动的健康发展。

　　⑤激励机制不够创新。学校在制定激励机制时非常守旧,不能与时俱进,不能根据学生的需求制定,这种情况往往都是治标不治本。

　　2.活动组织面临的挑战

　　(1)教育教学活动难渗透

　　创新创业教育不是一个简单的系统工程,需要与其他课程、课外活动相结合。

进行创新创业教育的地方主要是在学校的课堂。现阶段,一些高校的做法,取得的效果不太理想。

第一,专业课教师参与创新创业教育的程度不高。一些高校虽然开设了创新创业的指导课程,但是授课老师往往就是就业指导教师、院系书记等。他们在教授过程中很少涉及双创教学,甚至有的老师不了解创业教育,也不具备创业教育的基础知识。

第二,专业课堂上很难渗透创新创业教育。在课堂上,专业教师较为侧重专业知识的传授,没有及时更新教学理念,依然停滞在传统的教学理念上,因此,教师在传授专业知识的同时不能肩负起培育学生创业意识和创业技能的责任,轻视了对学生创新创业思想的引导,没有对学生灌输创业理念,不能有效运用创新型、开拓型、探索型教学方法,没有紧跟时代发展的需求更新教学内容,由此,创新创业教育思想很难融入专业课堂中。

(2)专门创新创业活动难寻觅

在应用型人才培养模式下,创新创业活动的开展极大地促进了大学生创新实践能力的提升。在创新创业活动的影响下,大学生内在的学习动力和积极性很容易被激发出来,这些活动的开展有利于大学生将书本上学到的知识和实际问题相联系,这样随着实践活动的深入开展,会逐步提高大学生发现问题、分析问题、处理问题的能力,由此可以看出,开展创新创业活动是培养大学生创新创业能力的重要途径。大学生创新创业活动的开展强调的是培养学生的创新意识,通过开展活动,鼓励大学生努力学习科技文化知识,把理论知识和创新实践相结合,形成探索研究的精神,从而提高大学生的创新创业能力,这种创新实践活动的开展为大学生构建了一个新的平台。

高校虽然已经认识到创新创业活动开展的重要性,但在学校中创新创业方面的活动开展得却少之又少,就是有,也是得到上级文件通知后才开展的。主要存在以下问题。

首先是学校组织机构不健全。大学生创新创业活动的开展要求是要有科学的组织和系统的管理,但是目前的实际情况是学校内开展的创新创业活动一般是由各高校社团组织或者学生工作者组织的,他们在管理和指导方面都缺乏科学性,这样就会导致活动的质量和水平下降。学校对创新创业活动的宣传力度不够,开展的活动主题不新颖,活动形式单一,开展过程不规范,不能吸引更多的大学生参与其中。

其次是大学生主动参与的意识不强。高校为提高大学生创新创业能力举办了多种活动,有大学生创业知识竞赛、大学生电商创业大赛等,尽管如此,大多学生依旧习惯于传统的教育教学模式,缺乏创业意识,没有勇气参赛,加之学生缺少基本的知识、操作能力不强,存在很多为了比赛而敷衍了事的情况。还有的高校组织学生参加大型的"双创"比赛,挑选学校内优秀的、顶尖的学生参加,这样会打击广大学生对创新创业活动参与的积极性。大学生是创新创业活动的主体,因此,大学生参与活动意识的强弱直接影响"双创"活动的开展质量,从而使创新创业活动的普及受到影响。

最后是没有营造一个浓厚的创新创业氛围。学校开展有关创新创业方面的学术交流、课外学术科技活动、学术讲座和学术报告的活动很少,可以说几乎没有,这样很难调动学生创新创业的积极性。

3.投入保障面临的挑战

(1)创新创业教育经费匮乏

高校已经深刻认识到创业和创新教育的重要性,并且加大了投资力度,但是摆在眼前的现实问题是资金不足,导致活动不能顺利展开。所以缺少经费投入是创新创业教育面临的重大问题。目前,国家财政上的教育性费用投资虽已经上升到了《国家中长期教育改革和发展规划纲要(2010—2020年)》规定的占国内生产总值4%的期望值,但是若与世界这个大范围的平均水平5.1%相比,仍有一定的差距。加之我国各地高校的办学规模不断扩大,造成学生的平均教育费用逐渐下降,最终高校教育经费的增加量基本上被高校的扩大招生所抵消。

当前,在我国的高等教育范围内,由于各个高校管理层次对高校教育经费的安排和分配能力比较弱,责任意识不强,导致经费在创新创业教育的使用率比较低,例如,高校没有经过认真调查研究就买入很多的没有实际价值的、使用率低的设备,造成资金的浪费。还有很大部分教育经费被分配给了行政后勤人员,这些教育经费被用在了非教学用途和非专业教师身上,从而导致用在创新创业教育教学上的费用大大减少,既打击了专业教师的积极性,又阻碍了高校创新创业教育事业的发展。

我国当前教育经费管理制度的建立不够完善,致使高校在人员、财款、物品等管理上存在极大的自主决定权。由于自主决定权力的逐渐扩增,要实现教育费用的效益最大化,阻止经费管理上的漏洞百出,合理有效的监督是不可缺少的。当前高校教育经费实施监督的方案仍存在着大量待解决的问题,例如,教育经费运行监督的思想观念不强,从而导致教育经费在现实使用上出现不按照要求使用、中间截留、擅自挪用经费等不良现象。

目前在教学过程中，创新创业教育的教师理念依然停留在传统的思想上，没有紧跟时代的发展要求进行更新，这些教师所掌握的知识、所接触的科技和文化都是比较老旧的，因此，校方需要投入一定的经费对创新创业的教师进行一些再学习培训，使他们拥有更加符合现阶段行业要求的技能。当前，即使政府设立了很多创业基金，制定并颁布了一系列惠民政策来促进创业，可是基金的数额有限，学生实际得到的基金资助很少，并且学生申请创业贷款的步骤很烦琐，不利于大学生开展创新创业。

(2)创新创业实践平台薄弱

平台建设是大学生创新创业实践的前提条件。现在，高校创新创业平台建设存在许多问题，创新创业实践平台十分薄弱，其中主要有以下问题：

①认识不足，服务滞后。高校对创新创业平台的系统性、整体性认识不足。首先是缺少整合校外有效资源的能力，对区域范围内的同学科、同专业的创新创业成功者没有重视，没有找到"校政企"共赢的结合点和合作路径；然后是缺乏对创新创业平台建设规律的把握，注重硬件的建设、轻视软件的提升，侧重数据统计、轻视培育过程，看重领导评价、忽视市场的检验。很多创业平台建设目标不明确，使创新创业缺乏实用性、针对性、持久性。

目前很多高校创新创业平台所提供的服务内容很少，免费提供教育引导，免费提供一定时间段内的创新创业场所，给予数额不一的支持资金；服务对象上局限于在校学生，甚至对毕业学生的有起色的创新创业项目也规定时间驱除出学校的创业园，无暇对其进行跟踪、关注和扶持，更不会把校外的创新创业对象纳入平台帮扶、整合的范畴。这样，参与创新创业实践的师生举步维艰的多、收效甚微的多、半途而废的多，能修成正果的少之又少。

②定位不准，气氛不浓。高校创新创业平台的定位不准确。当前很多高校举办创新创业活动只是针对少数优秀者，看重的是少数同学的创业成绩，忽略了创新创业活动的开展应该是面向全体学生。由于大学生接受创新创业教育和实践的人数很少，导致很多学生由于受到多种因素的束缚和社会经验的不足而只能成为创新创业的袖手旁观者。高校创新创业平台建设气氛不浓厚，部分高校只是简单设置一些创新创业课程，只传授学生理论知识，没有为学生提供将知识运用到实践中的平台。学校创新创业基础设施薄弱，不能有效补充课堂教学内容，不利于学生个性化培养和全面发展。

③机制缺失，动力不足。高校创新创业平台的建设服务体系有待加强，有时会

出现高校与高校之间、政府之间合作不紧密现象,在创新创业工作中缺少对创新主体的协调与整合,高校中的相关部门和学科联合的程度较低;各个高校之间、高校与区域产业之间都缺乏协调与整合机制,现有的合作大多还停滞在能人效应阶段;高校主动向政府借资借力少,推动政府制定"政产学研商"的协作政策更少。因此,各自发展、单打独斗的后果是造成人力、物力、财力的浪费,严重影响高校创新创业平台的建设。

第二节　大学生创新创业实践的影响因素分析

一、外部环境因素

(一)当前大学生的就业形势促使大学生创业

据教育部有关数据统计,近年来高校毕业生签约率不断下降,就业率呈下降趋势。此外,就业状况呈学科专业性差异,农学等学科专业毕业生就业难。目前我国高等教育中学科的基本分类主要有:哲学、经济学、法学、教育学、文学、历史学、理学、工学、农学和医学等。从近几年的就业情况看,初次就业率比较高的学科为工科、理科,而农学、文学是毕业生初次就业率较低的学科。同时,同一学科不同专业的就业状况也存在明显差别。总的来说,尽管工学毕业生就业整体状况良好,但各专业之间的就业状况是有显著差异的。随着高新技术产业的迅猛发展和国家对基础设施投资的加大,计算机、通信、机械、自动化、电子、医药、师范等专业的毕业生需求旺盛,而社会学、运学、哲学、农学、轻工、管理等专业社会需求较少。

(二)政府的支持和引导保障大学生创业

随着创业浪潮在我国的兴起,自主创业开始引起了人们的注意,并逐步认识到自主创业对促进就业、促进经济社会发展具有重要作用。政府对创业的支持和引导是大学生是否选择创业的一个重要"风向标",在一定程度上影响着大学生自主创业的积极性,影响着大学生个人能力和潜能的发挥。

二、大学生自身因素

(一)大学生的创业意识

创业意识即创业实践中对人起动力作用的个性倾向,包括需要、动机、兴趣、理想、信念和世界观等,是大学生对创业这一实践的正确认识、理性分析和自觉决策的心理过程。要想取得创业的成功,创业者必须具备自我实现、追求成功的强烈的创业意识。强烈的创业意识,可以帮助创业者克服创业道路上的各种艰难险阻,将创业目标作为自己的人生奋斗目标。创业的成功是思想上长期准备的结果,事业的成功总是属于有思想准备的人,也属于有创业意识的人。树立创业意识是学生创业的关键。传统的教育注重的是社会就业的教育,形成了高校的毕业生不同程度地存在着期望值过高、依赖性较强的心理,而社会就业的形势越来越严峻,也使很多学生产生了自卑的心理,上学不能就业,上学何用? 因此在课堂教学中,应对学生进行创业教育,引导学生改变传统就业观念,树立创业意识。

创业教育是一种理念,这种理念旨在向学生灌输一种创业意识,使他们的创新思维在创业过程中得以激发和发展。而在创业教育实施的过程中,其首要的任务便是积极引发教育者与受教育者的创业意识。创业意识及其支配和产生的创业活动对于个人乃至民族的发展有着重大的意义。要创业就得从培养创业意识入手,意识是行动的指南,创业意识是创业素质的重要组成部分,是探索与构建创业教育运行机制的必要前提。

(二)大学生的创业素质

1. 职业道德素质

所谓职业道德,概括地说,就是人们在从事正当的社会职业,并在履行职责的过程中,在思想和行为方面理应遵循的道德规范和准则。职业道德通过一些规范的准则和要求,反映出职业道德关系与职业道德行为的普遍规律。不同的社会、不同的阶级、不同的行业从它们各自的整体利益出发,形成和概括了人们在职业活动中应当遵守的行为和善恶标准。大学生在创业过程中应该遵守的职业道德素质主要有4个方面:①树立高度的职业责任感,为国创业。②树立强烈的事业心,励精图治、艰苦创业。③依法经营、公平竞争。④爱护环境、珍惜资源。

2.知识素质

知识素质是创业人才应具备的基本要素和基础要素,它要求创业者要拥有包括专业知识在内的完整的知识结构,与此同时创业者还需要具备一定的经营管理知识、综合性知识等。所谓综合性知识,即对创业活动起辅助作用的知识。因为创业活动涉及范围很广,除掌握科技基础、专业技术和经营管理等知识外,还应掌握一定的综合性知识,尤其是科技文化基础知识和政策法规等方面的知识,这样才能在激烈的竞争中保持清醒的头脑,科学地分析形势、处理问题,顺利地打开创业之门,把知识变为财富。

3.心理素质

所谓创业心理素质,就是指在创业实践活动中对人的心理和行为起调节作用的个性意识特征,也就是我们所说的情感与意志,以及情感过程与意志过程。总之,创业者在创业之初面临着一个充满压力的市场,如果缺乏竞争的心理准备,没有良好的心理素质,要想取得创业成功,也是不太可能的。

4.身体素质

一个成功的创业者首先要有良好的身体素质,创业的初期是艰难的,没有一个好的身体素质很难做好每一件事。大学生必须具备良好的身体素质,要有足够的身体耐力,才能经受住长期的创业历程。事业的发展,创业的艰难,也需要创业者有一个强健的身体。因此,从某种意义上说,大学生的身体健康不仅是个人的事,更是涉及创业能否成功的大事。要站在创业发展的大局来提高自己的身体素质。

(三)大学生的创业能力

创业能力是大学生创业素质的一个重要方面。创业能力是一种多方面的综合能力,与创业的成败直接相关。大学生创业应具备以下几方面的创业能力。

1.学习能力

学习能力即获取知识和信息的能力,包括对知识的接受、转换和应用,对信息的获取、筛选与利用。新的技术革命使社会产业结构发生巨大的变化,社会产业的新陈代谢向着技术型、知识密集型和技能型转化,这必然要求人们加快对新兴知识的学习。而信息时代的到来更使"学会学习"的呼声成为时代的强音,信息量骤增,信息传递和变换途径不断优化。为此,必须充分利用信息来完善创业过程,学会获取信息、交流信息和开发信息的本领。

2.抗挫折能力

当今世界是竞争的世界。国家与国家之间,组织与组织之间,人与人之间都存在着激烈的竞争。激烈竞争的结果,必然优胜劣汰,必然有些人遭受挫折。事物的发展不可能是直线式的,总会有曲折,创业的过程也不可能一帆风顺,必然会有挫折。因此,如何认识挫折,如何培养抗挫折能力是非常重要的。

第二章　经济新常态下大学生创新创业教育

为了充分发挥高等教育在经济新常态下的作用,积极响应国家有关深化高等学校创新创业教育的政策,主动顺应"大众创业,万众创新"的时代感召,加快转变旧的人才培养模式,发展大学生创新创业教育就显得尤为迫切。本章主要从经济新常态的内涵、大学生创新创业教育界定、经济新常态与大学生创新创业教育三个方面详细论述经济新常态下大学生创新创业教育。

第一节　经济新常态的内涵

一、新常态的含义

20 世纪末和 21 世纪初,由恐怖主义威胁和新经济泡沫破灭引起的危机局面被长期化,从而成为常态,因此,美国学者于 2001 年提出新常态的概念。2009 年初,全球最大的债券基金——美国太平洋投资管理公司的两位首席投资官比尔·格罗斯和穆罕默德·埃利用"新常态"一词来总结 2008 年国际金融危机之后的世界经济,特别是发达国家产生的一些变化。在"新常态"里包括增长乏力、失业率逐渐走高、私人部门去杠杆化、公共财产面临挑战,经济增长动力和财富活力从工业化国家向新经济体转移。另外,还强调在不同的领域中,"新常态"会有不同表现。

在金融领域,新常态下的金融体系代表更低的金融杠杆率和更多的政府干预相结合,也就是金融体系被严格监管,资本需求会很高,银行系统会更加有效。"后危机"时代的金融体系与危机之前的体系存在一定的差异。危机之前的近 20 年中,在信息技术的高速发展而出现的新经济浪潮及其之后的房地产泡沫发展过程中,出现了很多的金融衍生工具,这致使美国的经济呈现出高度的杠杆化,即几乎没有政府的监管。这给新经济带来了前所未有的变化。由于没有人可以预料到这些变化最终将带来什么,所以在新经济浪潮中获得利益的人们坚决抵制对飞速发展的金融衍生创新进行监管。然而,这样自由放纵的结果,就是发生了国际金融危机,由此人们意识到,过于自由化的金融创新是导致美国金融危机的主要原因之一。

在商业领域,新常态下的消费群体和消费观念发生了变化,对"次级贷"的严格监管,使过度超前的信贷消费受到抑制,商业环境发生变化。为适应消费理念和消费模式的转变,企业必须在新常态环境下重新进行战略地位。

在宏观经济方面,新常态下的"后危机"时代的经济复苏将以全方位的结构调整为核心,是一个漫长而痛苦的过程。在这个过程中,利益结构将会重组,大多数美国人都会而且必须慢慢适应这宏观经济的新常态。

总的来说,"新常态"一词来源于美国,本意是想降低人们对国际金融危机后经济和金融复苏的期望,带有"悲观、无奈"之情。新常态不是在原来新经济繁荣基础上的"新新经济"时代的到来,而是对新经济泡沫泛滥时期产生一系列问题如结构失衡等进行调整。由于人们对美国经济前景的预期不同,所以对美国是否存在新常态也存在不同的看法。

习近平于2014年5月在河南考察时第一次提及"新常态",2014年底,中央经济工作会议公报中从八个方面分析了中国经济的新特征,其中八个方面包括消费、投资、出口和国际收支、生产能力和产业组织方式、生产要素、市场竞争、资源环境、经济风险等。公报中对新常态做出了全面、权威的分析与定义,梳理了以往各界对新常态的不同阐释。针对我国经济新常态在八个方面的表现,经济工作会议公报指出,未来我国的经济将会向着形态更高级、分工更复杂、结构更合理的阶段演化,经济增长由高速向中高速转变,经济发展方式由规模速度型粗放增长向质量效率型集约增长转变,经济结构由增量扩能为主向调整存量、做优增量并存的深度调整转变,经济发展动力由传统增长向新的增长点转变。显然,经济工作会议对新常态下经济增长趋势的判断依然是以愿景、目标和政策为取向,但这未必是新常态的必然结果。

目前,无论是美国还是中国,提出的新常态都是以经济社会发展的现实为基础,都没有从学术理论层面上阐述和解释新常态。

二、中国经济新常态与发展阶段转变

目前,产能过剩、生态破坏和环境污染、内需增速相对缓慢、经济结构失衡、外需增长乏力、进出口失衡、收入分配差距大等问题广泛存在于中国经济之中,同时这也是导致中国经济内在增长动力不足和速度下滑的直接原因,而非根本原因。然而,从发展经济学理论分析,根本原因有两个:①经济发展阶段进入转型期;②以纠正扭曲的经济体制为主导的经济体制改革,使经济增长的动力回归正常的市场化推进。

(一)经济发展阶段进入转型期

推动经济增长的主导因素有人口劳动力、资本、劳动生产率。其中,劳动力素质和配置的结构决定了劳动生产率,同时,与科技水平也有密切的联系,其对经济增长的影响主要表现在全要素生产率方面。在经济发展的不同时期,人口劳动力因素、资本因素、劳动生产率因素对经济增长有着不同的推动作用。

1.劳动力过剩导致的供给无限性及其转变

处于工业化初级阶段的发展中国家,因为存在资金和外汇缺口,农业劳动力供给会存在过剩的情况。在20世纪80年代到90年代,我国最为短缺的生产要素是投资和进口所需要的外汇,因此,投资与外汇双缺口明显存在。年轻人的人口结构比较适合劳动密集型工业发展,青年劳动力供给相对短缺的资本投资和外汇储备可以说是"无限"的。因为二元经济结构的存在,青年农村劳动力的"无限供给"使得他们在工资额度上没有任何优势,处于劣势地位,而低工资也就成为当时中国经济增长的最大特点,这也就是人们所说的经济增长中的"人口红利"。

随着时间的推移,人口红利会慢慢减弱甚至消失。2004年是首次反映我国人口红利变化的时间点。在这一年的春节过后,我国第一次出现了"民工荒",这使得政府和理论界重新审视中国劳动力市场问题。但是,当时的"民工荒"问题还不是真正意义上的劳动力供给在数量上的缩减,它的特征是结构性的、全国性的、需求扩张型的,而不是供给萎缩型的。工资过低、用工条件恶劣、农业收益上升、投资刺激、劳动力年龄结构发生变化成为当时产生"民工荒"的主要原因。

1997年亚洲金融危机以后,中国为了刺激经济增长,决定采用以保"8"为目标的宏观经济调控政策。经过三年的努力,2000 年开始中国的经济增长重新进入新的上升轨道,增长速度达到了 8.4%,2003 年又重新回到了 10% 的两位数增长。但 2003 年开始的新一轮经济增长有两个鲜明的特征:①中国在 2001 年加入 WTO 后,劳动密集型的出口加工工业进入"喷发期",2003 中国货物出口额比 2002 年增长了 34.66%,2004 年比 2003 年增长了 35.32%。出口加工企业对劳动力的需求迅速上升。②国内需求以大规模基础建设、房地产业和重化工业增长为主导,对劳动力的需求也急剧上升。

一方面是对劳动力的需求高速增长,另一方面是自 1980 年开始实行计划生育政策后,劳动力的供给增长速度下降的效应在 2004 年开始显现出来,并且这一进程还在继续。从 2000 年到 2010 年,我国劳动力年龄人口只增长了 13.13%,但经济总量却增长了 143%。并且劳动人口的增长速度越来越慢,2013 年,16 岁至 59 岁的劳动力人口比 2012 年减少了 244 万,出现了历史上第一次法定劳动人口数量下降的情况。2016 年我国的劳动年龄人口总量为 90747 万人,占总人口的比重为 65.6%。这也意味着,全国劳动年龄人口比 2015 年减少了 349 万人。这是中国劳动年龄人口自 2012 年连续五年净减少,传统意义上的人口红利已经消失。这样的人口转变是伴随经济增长和社会发展必然发生的结果。同时,以往用来支撑经济高速增长的劳动密集型出口加工工业也在不断失去国际竞争力,进而出现产业低的情况。这是导致当前及未来中国经济从超高速增长转向低增长的主要原因之一。人口红利的消失,致使中国经济将脱离周期性的旧常态,经济增长逐渐放缓将会成为新常态。

2.资本投资需求及其结构变化

2010 年之前,中国经济的增长既依靠人口红利,也依靠大规模的投资拉动。当时,中国正处于资本较为短缺的时代,社会基础落后,同时伴有的问题是人均住房面积小,1978 年城镇居民人均住房面积仅 7 平方米。直到 1998 年取消生房实物分配制度后,社会对房地产的需求增大,房地产价格持续走高。基础设施投资需求增长、房地产需求增大、2003 年井喷式的汽车需求和出口持续增长的四重叠,引发全社会对重化工产品的需求急剧高涨,价格也迅速上升,推动物价总水平的上涨。尤其是全国各地的房地产价格在 10 年内不同程度的增长了 6~10 倍。在这样的背景下,全国逐渐出现了基础设施建设、重化工业、房地产业、汽车投资热潮,经济的快速增长,加剧了通货膨胀。为防止经济过热和控制通货膨胀,政府的宏观调控变得空前严厉,对重化工业(如钢铁、电力、电解铝、水泥、石化等)实施行政性投资控制和贷款限制,至于规模化、技术密集度高的大型项目一律停批。然而,市场上价格持续高涨致使地方政府和民营企业绕过中央政府监管依然大举投资。

引进外资、国内举债、出卖土地、对企业征收高税率和税外收费等是政府投资的主要来源。而对于企业尤其是民营企业来说,银行贷款、民间融资和廉价开发国内资源、破坏生态环境而不治理等是其投资的主要途径。政府(特别是地方政府)与企业的强大投资合力所营造的经济增长环境,具有高投资拉动、高出口、低成本扩张几方面的特征。1996年以前,这一环境适应了当时国内市场持续短缺的情况,由于市场需求的高涨,在工资几乎不增长及不断破坏生态环境的恶劣条件下,我国依然实现了国民经济增速超10%的任务。1997—2002年是亚洲金融危机之后的调整时期,2003—2010年,政府与企业的强大投资合力适应了国内持续高涨的市场需求,使得平均两位数的经济增长再次实现,并保持了整整七年的时间。

2008年以前,经济发展尚处于工业化初期阶段,因此经济增长的基础是资本高回报、环境高污染、工资低收入,是一种基于人口红利的非良性发展。大多数劳动者并没有获得与经济增长相匹配的回报。当时,以行政手段为主的周期性投资紧缩与反通货膨胀是宏观经济调控的主要特征。

就经济发展阶段而言,2004—2008年我国经济步入工业化中期阶段,具体表现以下几个方面:第一,产业结构逐渐走上重型化的道路,人口红利则呈现出日益降低的趋势,提升了劳动成本,但是,世界贸易组织(WTO)给中国带来的出口红利逐渐提升,净出口极大地拉动了经济增长。然而,此时的经济增长的主要特征仍然是资本高回报、环境高污染,只是工资收入逐渐升高,这就使得人们对经济增长的包容度提高,治理环境的政策力度也日渐加大,极大地遏制了环境质量恶化的速度。出口对经济增长的拉动作用在这一时期达到了历史最高峰。相较于2004年之前,这一阶段的经济发展呈现出了新的特征,主要表现为资本密集度的高速发展,进一步提升了单位GDP产出的投资强度,大幅增加了传统的重化工业产能积累,产业结构扭曲日益严重。

2008年爆发了全球性的金融危机,直到2013年,WTO带来的出口红利几乎接近于零,经济增长速度呈现下滑的趋势。经济发展的阶段性体现出工业化后期的特征。原本可以将外部危机转化为调整内部经济结构的机遇,但由于当时采取的宏观政策是通过强刺激投资拉动经济增长,这就使得产能过剩的情况更加严重,同时,加剧了产业结构的扭曲程度。2013年以来,在投资拉动经济的政策中,政府居于主导地位,有效提升了经济的市场化程度,并调整了市场投资的内部结构。

改革开放之后,随着工业化的进程不断深化和城市化建设的不断发展,就经济发展阶段而言,我国已经步入工业化和城市化的中后期阶段,尤其是原材料型重化工业和房地产业等传统工业,所累积的生产能够为工业化和城市化建设的实现提供了极为有利的条件。

这一转型的发生,主要受到以下几方面因素的影响:第一,人口增长率下降,人口红利、世界经济繁荣与 WTO 带来的出口红利也呈现出逐步消失的发展态势。第二,各种基本生活用品在市场上出现了接近饱和的状态。第三,由于基础设施建设规模日益扩大,降低了增长的速度。第四,房地产刚性需求和改善性需求的客观增长速度也日趋下降。由此可以看出,中国经济发展阶段已经发生了翻天覆地的变化。以钢铁为代表的重化工业、汽车产业、建筑业的产能作为经济增长的支柱,已经接近工业化的顶端,大规模消费需求增长日趋平稳,第三产业即服务业发展迅速,并且和新兴产业逐渐成为支撑经济增长的支柱产业。市场需求结构及支撑经济增长的支柱产业都开始转向服务业。重化工业和房地产业增速减缓,新兴产业增速加快的主要原因在于人口、进出口的需求结构变化所引发的投资结构变化。

然而,新兴产业则主要依靠的是创新,具有极大的风险性,不仅需要新知识和技术创新的积累,而且需要配备相应的新的商业和服务业模式。而服务业对于实体产业的依赖程度高,虽然在一定程度上促进了实体产业的发展,但难以超越实体产业而无限虚拟增长。随着服务业比重的提高,劳动生产率的增长率将呈现下降趋势,投资回报率也趋向保守,资本供给呈现出过剩的状况。

3. 生产率增长率及其变化

生产率和人口增长率是决定经济增长速度的基本要素。当今,我国的人口增长率正在不断下降,并且这种情况将继续长期的持续下去,因此,决定经济增长速度的主导因素就会从人口增长率转变为生产率增长率。生产率增长速度与生产率增长率是成正比的,也就是说,生产率增长速度越快,生产率增长率就会较高。技术进步速度和生产关系改革与生产力发展的匹配程度等多种因素对生产率会产生直接影响。

国家所处的发展阶段不同,影响生产率变化的主导因素也会不同。在我国,改革开放以来,影响生产率提高的主导因素是生产关系与生产力匹配关系的改善,主要是由技术创新和制度创新所引起的。

生产关系与生产力的相互作用为技术创新提供了动力。生产关系决定利益分配机制是否合理。良好的生产关系会对理性经济行为主体产生极大的激励作用，使其希望通过创新技术手段实现利益的最大化，这样就对技术的创新发展起到极大的促进作用。通过不断改进和创新生产技术和管理技术，提升生产效率，促进要素的优化配置，进而提高生产率，实现生产率的正增长是技术创新的经济表现形式。

在生产领域，新技术的引入和新产品的引入都是技术创新的具体体现，其中，引入新技术可以节约同等产出所消耗的生产要素，引入新产品可以在同等生产要素消耗的基础上获得更多的效益，从而提升生产要素的经济生产率，促进经济增长。如果技术创新导致的生产要素生产率加速提升，就会导致经济加速增长。在管理领域，技术创新表现为优化配置生产要素，激励人为要素，提升生产领域技术创新的效率，进而提高社会生活领域资源利用效率，提高生产要素经济效率，实现经济增长。

就技术本身而言，内部和外部的技术创新是生产领域和管理领域技术创新的主要来源：第一，通过系统内部不断地研究与开发新技术并应用于生产和社会生活；第二，从系统外部引进新技术并直接应用于生产和生活。从技术创新的自身规律来看，系统内部对新技术的研发并应用于生产和生活领域，不仅需要知识的进步和时间的积累，而且还需要人力资本和研发投入。此外，还会不可避免地承担各种失败的风险。经济系统内部的研发是处于技术前沿的国家和地区技术创新的主要来源，在科学和技术进步周期性波动的规律的基础上，经济增长的波动也呈现出周期性的特征。从历史的长周期分析来看，技术创新的速度决定着这种基于原始创新的经济体的经济增长速度。从宏观经济角度来看，技术前沿国家的技术创新并没有加速提升生产要素生产率，因此，也就不会推动经济的加速增长。从发达国家经济的整个历程来看，经济增长速度的波动始终都是周期性的，并不存在持续的加速增长。对于这种现象，可以将其看成是以内部研发为主导的创新模式引发的经济增长变化规律。

与通过内部研发实现经济增长的关系相反，一些后发国家在工业化期间通过引进新知识、新技术的技术创新模式，使得经济在很长的周期内保持了高速增长的状态，甚至是加速增长。这种情况发生在韩国等亚洲发达国家和地区在20世纪70年代以后承接发达国家的技术和产业转移期间及日本于20世纪60年代实施经济倍增计划时期。事实上，我国改革开放以后直到2008年以前，经济出现的持续高速增长也是源于引入式技术创新，也就是对先进技术的大规模引进。

通常，技术引入国与技术输出国之间的技术差距、技术引入国通过引进先进技术实现生产率提高的效果、促进经济增长三者之间是呈正比例关系的，也就是说，差距越大，提高的效果也就越明显，对经济增长的促进作用也就会更强。然而，从经济学角度来说，固定资产投资中包括由引入技术所支付的成本，因此，在对技术创新对经济增长的贡献进行测算的过程中，固定资产投资的贡献中就包括了技术创新导致的生产率提高引起的经济增长，并认为其是基于拉动资金基础上的粗放型经济增长，受到了很多非议和质疑。虽然在理论上存在着争议，但是，我们必须看到，这种外部引进技术实现技术创新的经济增长模式，一方面，使得技术研发的时间缩短；另一方面，规避了新技术研发市场的不确定性风险，能够在购买了先进技术之后迅速提升生产能力，进而使经济高速增长。这是毋庸置疑的事实。

我国不断提高的经济发展水平也促使我国的研发能力不断增强，各门类技术水平与世界先进水平之间的差距不断缩小，甚至有些已经进入世界先进行列，通过引进先进技术实现经济快速增长的时代已经一去不复返。主要原因在于以下几个方面。

第一，依靠自己的技术，制造出的设备具有更低的成本。

第二，市场上出现了供过于求的现象，替代了过去的供不应求，这极大地抑制了对技术的引进。

第三，由于不断上升的成本和国外经济的不景气，出口市场的增长速度逐渐放缓。

第四，发达国家垄断封锁了我们需要的涉及产业竞争力的核心技术，引进和购买很难实现。

由此可以看出，对于我国的经济增长而言，变轨是必由之路，必须在自身研发的基础上进行技术创新，这就必然会放缓生产率增长率，降低全要素生产率增长率，进而降低经济增长速度。

（二）改革进入新阶段，经济增长动力向正常的市场驱动转变

我国的商品市场化已具有较高的水平，与正常的市场经济国家相差无几。即便如此，经济体制中存在的扭曲现象依然非常严重，主要原因就在于政府在投融资领域和其他要素市场方面干涉过多。这种扭曲现象的存在所产生的负面影响，主要体现在以下两个方面：第一，扭曲了市场经济的结构。主要原因在于它使得市场信号出现了偏差，进而造成经济增长与资源、环境等客观条件相脱离。第二，扭曲了社会价值观,为腐败的滋生提供了温床,使得社会矛盾不断累积并进一步激化。只有加速改革经济体制的进程,才能有效保证国民经济"又好又快"地发展和社会的稳定。目前,要想使我国经济增长动力朝着正常的市场驱动转变,就必须持续推动新一轮的改革。

1. 改革促使地方政府冲动型驱动经济增长的动力下降

在我国的经济发展过程中,政府发挥的功能过强,相对而言,就弱化了政府的社会功能。在这种情况下,社会中就出现了经济增长驱动功能越位,社会管理缺位与不到位等现象,而且极为严重。这些现象在政府行为中,拥有两方面的主要表现:第一,在可以寻租和造租的经济领域中,政府越位的频率较高;第二,在不能寻租和造租的社会管理领域,政府常常出现缺位和不到位的情况。

在投资和建设项目的过程中,政府充当经济主体,通过行政手段干预企业的市场准入、经营方式和项目审批等,这是政府经济功能越位的主要体现。虽然,近年来,这种现象已经得到了一定的缓解,但是越位现象依然存在。具体而言,主要体现在以下几个方面。

首先,政府代替市场发挥资源配置功能,利用国有企业充当经济主体,干预经济的运行,在项目的审批过程中仍然发挥着强大的作用。最为常见的就是在土地资源的配置中,政府直接参与其中;对于大型企业的建立与项目建设,政府具有直接的审批权。

其次,政府与国有企业没有真正实现政企分离,政府通过间接的手段对企业的经营进行干预,如人事控制和行政干预等,将本属于企业的经营管理责任揽到政府身上。

最后,在社会各种中介组织中,政府也有介入。对于各种协会、社团、居民自治组织和村民自治组织的内部管理与事务运作,政府的介入方式主要是挂靠、主管、指导等,进而使得政府掌握主动权,而它们则处于附属地位,甚至成为寻租造租的渠道。政府业绩考核和寻租造租等腐败现象是导致越位的重要因素。

2. 阶段转换和体制转轨造成经济增长减速

依据工业化发展的客观规律,经济发展阶段进入转换期。要想实现中国经济社会的可持续稳定发展,必要的路径就是深化改革扭曲的经济体制。由此可以看出,中国经济未来要在以下形势下发展:第一,在工业化后期的结构转型升级中,传统产业之间持续进行着激烈的竞争和优胜劣汰的选择;第二,在深化改革扭曲的经济体制中发展;第三,在政府职能转变和政府管制松懈中发展,这逐渐弱化了非正常的政府冲动型增长动力。

与此同时,未来的发展还要消除过去因追求经济增长所造成的财政、资源和生态环境"欠账",这也就提高了未来经济发展的社会成本;人口红利将彻底消失,这也会提高企业的微观成本,使其丧失在国际竞争中的优势地位;逐渐弱化、消失的出口红利极大地弱化了经济增长的外部拉动力。在这些因素的综合作用下,必定会逐步降低未来经济增长的速度。

第二节　大学生创新创业教育界定

一、创新与创业

(一)创新

1.创新的定义

1912 年,美籍经济学家熊彼特在《经济发展概论》一书中,提出了创新的概念。熊彼特的创新概念涉及的范围比较大,它既包括技术创新,又包括商业模式创新、组织创新、供应链创新等形式的非技术创新。

20 世纪 90 年代,我国在科技界引入了"创新"一词,因此出现了各种提法,如"科技创新""知识创新"等,随之在生活的各个领域都能看见关于创新的说法。清华大学科学与社会研究所教授李正风认为,"创新"一词在我国存在着两种理解:一是根据日常含义来理解创新,二是从经济学角度来理解创新。[①]

综合以上分析,本书认为创新有广义和狭义之分。广义的创新是指出现了新的"东西",或者是对原来的东西进行重新组合,既可以是观念上的也可以是行为上的。狭义的创新是指理论、方法或技术等某一方面的发现、发明、改进或新组合,主要立足于把技术和经济结合起来。

①　李森. 课堂教学创新策略研究[M]. 重庆:西南师范大学出版社,2008.

2.创新的特征

(1)创新是人类特有的创造性劳动的体现,是人的创造力的激发与释放

要想使创新充满活力和生机,就必须要以人的创造意识、创造个性及创造能力作为支撑,否则谈不上创新。所以,创新必须坚持以人为本,培养各种具有创新意识和具有创造潜力的人才,这样的人才是创新活动得以生存和发展的基础。要想建立创新型国家,就必须要拥有自主创新能力,而自主创新能力又依赖于创新型人才,因此,必须加大对创新型人才的培养力度,同时还要对创新型人才进行科学合理的管理,充分利用人才资源,使他们人尽其才。我们既要有原创型人才,又要有集成创新的系统组织型人才。除此之外,还要有复合型人才。

(2)创新是一个开放的、动态的、蕴涵风险并极具挑战性的超越过程

创新是无止境的,在创新的过程中存在许多的不确定性,也存在许多的困难和阻碍,甚至在创新过程中出现的一些失误或者错误会导致自己远远落后于竞争对手,失去竞争力。在创新问题上如果不敢于冒险,只是采取并实施一些保险方案,没有创新思想,照搬照抄,那么这样就不可能有创新活动。

(3)创新是一项网络化的系统工程,可以发生在创造性活动的各个环节

创新既可以体现在思想上,也可以体现在应用上;既可以体现在方法或技术上,也可以体现在工具或手段上;既可以体现在管理或程序上,也可以体现在制度或体制上。因此,评估一件事情的创新性,不能单独考虑某一个因素,而要全面考虑。

(4)创新是一个链条

每一个公司或者组织都是由多个环节组成的,而对于公司或组织来说,并不是在创新链条的某一个环节实现了创新,就能保证创新的延续,而是必须要让创新向后一个环节延伸,这样才能不断创新。

(二)创业

1.创业的定义

创业是一个人们发现和捕捉机会并由此创造出新颖的产品或服务和实现其潜在价值的复杂过程,即从人的创业意识产生之前到企业成长的全过程。霍华德·斯蒂文森(1990)认为创业就是察觉机会,并获取机会的意愿,以及获取成功的信心

和可能性。"创"和"业"组成了"创业"一词。所谓"创"是指创造,也可以理解为创办、创新、创立;而"业"就是事业,也可以是行业、职业或者学业等。

可以从以下几个层面对创业的含义进行理解。

(1)创业必须贡献必要的时间和大量的精力,付出极大的努力。要完成整个创业过程,就需要付出巨大的时间成本,要想获得成功,就必须要付出艰辛的努力,有些初创企业在初期由于受到各种条件的限制,其所处的工作环境非常艰苦,要想获取成功,就必须要克服各种困难。

(2)创业要承担必然的风险。创业就必须要面临各种各样的风险与挑战,但常见的创业风险主要有人力资源风险、财务风险、技术风险、市场风险、外部环境风险、合同风险等。而对于创业者来说,一定要具有非常高的创业精神和创业综合素质,勇于挑战自己,具有强大的心理和勇于承担风险的胆识,要有异于常人的抗压能力。

(3)创业将给创业者带来回报。对于一个创业者来说,最重要的收获就是从中获得的独立自主和个人财富。对于看重利益的创业者来说,在创业中获取的最大收获就是物质财富,而对于大多数的人来说,物质财富就是衡量人成功的重要标准。一般来说,有多大的风险就有多高的回报,风险越大,回报就越高。创业带来的回报,既包括物质的回报,也包括精神的回报,它是推动创业者进行创业的力量源泉。

综合以上分析,创业的本质就是创新,创业的过程就是一个创新的过程。创业的基础是创新,没有创新,就不可能有真正意义上的创业。创业必须是一个创造的过程;创业需要付出大量的时间成本和劳动成本;创业要承担必然存在的各种风险;创业给创业者以丰厚的金钱的回报、精神的满足和独立自主等。

2.创业的特征

(1)创新性

创业就是一种创新的过程,两者关系紧密,创新是创业企业获取市场、具有强大竞争力的重要手段。创新是创业的关键,创业者只有重视创新,才有获取成功的可能,如果忽视创新,其必然会失败。创新的途径不止一种,既有技术创新,也有原材料、分销渠道等方面的创新。要想使创业比较容易地获得成功,最好的方法就是设计一种独具特色的服务或者产品,也就是所谓的创意。当然,在很多情况下,潜在企业家创办企业的方法都比较倾向于"变革式创新"。他们的经常做法是扩大服务或产品的供应范围,或者改进销售渠道,或者把竞争对手的产品进行升级或改良。例如,随着互联网的发展,电子商务已经成为社会的宠儿,它已经严重影响到了传统商业经营模式,电子商务的优势是不用实际租用店面厂房,不用开发销售渠道,而是在网站上直接销售。

（2）风险性

创业就是一种承担风险的过程,创业本身具有很大的不确定性,一切都是未知的,有可能成功,也有可能失败。新创企业所处的环境通常比较艰苦,主要表现在资源缺乏、经验不足、市场波动性较大,所以,创业者经常会面临比较大的经营风险,这也在很大程度上在加大了创业活动的失败率。风险是创业过程中的一个主要元素,尽管对于创业者来说,创业就像是在赌博,貌似其风险是不可预知和不可估量的,但是实际上其常常面临的风险是适度的或"可计量"的。大部分成功的创业者能努力通过计划和准备降低风险,从而提高企业获取成功的概率。

（3）创造性

创业是一个创造价值、增加财富的过程,因此,创业的属性之一就是创造性。萨伊认为,创业家都是标新立异,打破已有秩序,按新的要求重新组织。正如熊彼特所讲,创业家的任务就是要进行"创造性的破坏"。创业就是制造新事物的过程。创业能够为社会带来新产品、新服务、新技术,甚至能够推动整个新产业的发展,提高社会价值。除此之外,创业还能给创业者带来个人收益,实现个人价值。创业者要想创造出更大的价值,那么他面临的创新难度和风险也就会越高,因此,创业者在创业之前和创业过程中要制定科学合理的创业规划,并组建精干的团队予以有效实施,只有这样才能使创造价值的创业活动稳步推进。

（4）目的性

对于大部分的创业者来说,在风险中获取财富是对他们最重要的回报,这里的回报不仅有金钱的回报,而且也有精神方面的回报。金钱方面的回报显而易见,精神方面的回报包括实现自我价值、得到社会的尊重和认可等,其中,最重要的一项精神回报是能够实现独立自主,不受老板的束缚,自己能够做自己的主人,支配自己的行为。

二、创新教育与创业教育

（一）创新教育

1.创新教育的定义

国际上关于创新教育（Innovation Education）的定义有广义和狭义之分。广义的创新教育是指所有以培养人的创新素质、提高人的创新能力为主要目的,不同于传统的接受、填鸭式教育形式,能使人们进行创新而开展的新型教育活动;狭义的创新教育是指以具有创新意识、精神、思维、人格及创造能力的创新人才的培养为目的的教育活动。

2. 创新教育的特征

(1)特异性

首先,特异性表现在学生的创新与人类总体创新包括专家创新既有相同的地方,又有不同的地方。相同的地方是探新、改革,有所创造,有所进步,而不是照搬、套用。但学生与专家创新不同,尤其是一般中小学生的创新,不能算是真正意义上的创新,只是相对于他们这个年龄段,在原有水平上的开拓或进步,只是提出了个人独到的见解,其目的并不是追求发明或发现一些未知的事物,而是培养创新思维和能力。其次,特异性还表现在不同的学生会存在个体差异,不能统一要求、机械划一,以免扼杀个性,扼杀学生个体的创造性。

(2)全面性

创新教育要求引导学生掌握全面的、百科全书式的基础知识,激发学生各方面的潜力,使学生能够在各个方面都能得到均衡发展,学生的全面发展能够推动学生的创新。要尽量使学生全面发展,既要让学生在某些科目上有优势,又要让学生明白知识面太窄的危害,对所学科目不能偏废,不可偏重认知,忽视兴趣、情感与意志等非智力品质的培养。创新不能只依靠某一方面的素质,而是需要综合运用人各个方面的能力,需要把一个人的全部能力、经验、智力、思维、品质等综合运用起来,并进行排列组合,形成最佳组合方式,这样才能进行创新,有所进步。值得注意的是,全面性并不是强求在各方面都要做到最好,只要从学生的实际出发,使他们的个性全面而自由地得到发展即可。

(3)开放性

创新教育不应当局限于课堂之上、束缚在教材的内容之中、限制于教师的指导和布置范围内。要把创新教育放置在一个开放性的环境之中,抛弃封闭、孤立的教育方式,只有这样才能开阔视野,增长知识,集思广益,重组经验,才能培养学生的创新思维,提升学生的创新能力,发挥出学生的创造潜能。为了实现创新,教育活动应与学生的实际情况紧密联系在一起,并应该充分考虑社会生活的实际、当代世界的发展实际及经济、文化、科学的发展实际。总之,教育活动要紧密联系实际,要与社会发展相适应,与时俱进。

（4）超越性

创新教育本质上是引导和激励学生不断超越与前进的教育。如果教师在教学与教育中只能平庸地按常规、按教参、按惯例行事，就不能给学生传达一种积极向上的思想，也不能引导学生对抗困难、障碍，无法激发学生对于创新、进步、突破的渴望，那么学生就很难实现超越。要实现超越，不仅要不满足于客观现状，敢于改造客观世界，更重要的是要不满足于自我，完善自己的修养，提高自己的能力。要重视自身的内在动力，帮助学生找准自己的定位，鼓励学生严格要求自己，要学会自我教育和自我批评，要提高自己的素质，使学生能够自觉地确定奋斗目标，勇于与困难作斗争，争取实现自我超越，实现理想自我。

总之，创新是一个民族的灵魂，是推动国家发展的力量，创新与创新教育从来都没有像现在这样被国家和社会所重视。大家应该为再造中华民族的辉煌而不断努力。

（二）创业教育

1.创业教育的定义

创业教育有广义和狭义之分，狭义的创业教育可以认为是一种培养学生从事事业、企业、商业活动、规划等所需的各种综合能力的教育，帮助学生实现角色的转变，即从单纯的求职者变为岗位事业的创造者；而根据联合国教科文组织及1991年东京创业教育国际会议的定义，广义的创业教育是指要培养具有开创性个性的人，能够培养人们各种心理品质，如事业心、进取心、首创性、探索精神、冒险精神等，并且还要培养他们创业过程中的独立工作能力，提高他们的技术水平、社交能力和管理技能的教育。

2.创业教育的特征

（1）创新性

随着时代的发展，经济环境、就业环境产生了很大变化，国际人才竞争加剧，在这样的背景下我国高校的创新教育产生并发展起来，创新教育为了适应社会的发展需求，必须要对其教育方式、教育内容、研究领域进行探索和创新，这也为教育领域增添了新的研究内容。在创业教育的研究过程中必须要有创新思想、创新内容、创新方法等。

（2）教育性

创业教育的目的虽然是让学生在复杂多变的社会中提高适应能力，具有比较强的社会性、实践性特点,但它仍然需要通过一定的课时、一定方式的教育和培训,学习一些理论知识,才能实现教育目标。

(3)科学性

创业教育也要讲究科学性,只有按照教育的科学规律,讲究科学的教育方法和教育手段,合理安排好学生的教学内容,科学地、理智地进行创业活动,才能在很大程度上提高创业教育的有效性,减少盲目性和风险性。

(4)实践性

创业教育不能只教授一些理论知识,而是要在教授理论知识的同时,融入一些实践活动,通过理论与实践相结合的方式,才能在真正意义上培养学生的创业思想,提高学生的创业能力。因为创业活动最终都要落实到创业的实践中去,所以通过实践活动来增加学生的实践经验是非常有必要的。所以,在加强理论教育的同时,一定要重视创业实践活动。创业实践是为了推动创业教育目标的实现,在教师指导下有计划、有目的地开展的以学生自我教育、自主训练为主体的教育活动。

(5)社会性

创业教育不仅与学校各方面的因素有关,而且与社会的许多因素也有密切关系。例如,它受政府有关法规、政策的约束和引导,受社会经济的影响等。除此之外,创业教育也具有重要的社会意义。例如,创业教育可以激发人们的创业热情,增加就业机会,为社会减轻就业压力。它还能推动社会经济的发展等。

综上所述,创业教育是在新的经济、科技、社会、就业环境下产生和发展起来的,是时代发展的要求,也是实施人才强国战略的需要。创业教育是以专业教育为基础的,但是它又高于其他类型的教育,是当代人实现人生理想的最高层次的教育。所以,创业教育具有非常鲜明的时代性。

三、大学生创新创业教育

(一)创新创业教育

关于创新创业教育的含义,当前国内的学术界主要有三种看法:①将创新创业教育等同于创新教育;②将创新创业教育等同于创业教育;③将创新创业教育理解为创新教育与创业教育的结合,是两者的统一。

创新创业教育包含两个层次的目标:①创新创业教育的主要任务是培养大学生的创新意识、创业精神,使所有大学生成为高素质创新创业型人才。所以,每个学生都应该对创新创业教育持有积极的态度。②创新创业教育要提高学生创业的各种能力,提高学生创业的综合素质,如商业谈判、市场评估、风险预测、战略管理等,并使大学生具备关于金融、财务、人事、市场、法规等方面的基本知识,从而有助于大学生的自主创业。

在知识经济时代,创新创业教育是一种全新的教育观念和教育形式,从狭义上讲,它可以被解释为是一种创造新职业、新工作岗位的教育;从广义上讲,它是创造一种新事业的教育。它的教育内涵是事业心与开拓能力的培养,这也完全符合社会主义核心价值观所提倡的改革创新的时代精神与价值取向。创新创业教育的目标是培养具有创新创业思维和意识,具有创新创业能力和人格的高素质的新型人才。因此,我们给出创新创业教育的定义是适应经济社会发展的需要,以培养创新精神、创业意识和创业能力为目的的一种全新的教育理念与教育实践活动。

(二)大学生创新创业教育

教育是推动社会进步的重要力量,创新是引领社会发展的第一动力。"双创"战略是指"大众创业、万众创新",与"一带一路"倡议相辅相成,共同构成了我国新时期国内、国外两大战略布局。"双创"战略既能推动新科技革命发展和经济结构变革,也能使人力资源、科技资源发挥最大作用。除此之外,它还是中华民族创新创业优秀文化和历史的传承延续,是实现中国梦的现实选择。创新创业不仅能增强经济内生动力,而且能推进体制和机制改革。

2010 年 4 月,在北京召开了为推进高等学校创新创业教育专题工作会议,在会议中,袁贵仁提出,各地和各高校要大力培养学生的创新精神,提高学生的创新能力,强化创新创业教育。由此可知,对大学生进行创新创业教育是当前教育改革的发展方向。

大学生创新创业教育是一项综合性素质教育,教育对象是全体学生,主要是培养大学生的创新精神、创业意识和创业能力,为大学生的可持续发展打下了坚实的基础。在教育方面,要引导高校不断更新教育观念、改革人才培养模式、提升教育内容及改进教学方法,要从之前的重视知识传授转变为重视培养素质和能力,提高人才培养质量。创新创业教育是教育改革的方向,是经济增长、社会发展的需要,也是大学生提高创新创业能力和素质、实现自主创业的现实选择。

第三节　经济新常态与大学生创新创业教育

一、经济新常态下创新创业教育的特征

（一）推进区域经济发展

从根本上来说，习近平提出的经济新常态就是"经济增长速度从高速转为中高速增长、经济结构不断优化升级、经济发展由要素驱动、投资驱动转向创新驱动"。[①] 从动力的角度来看，创新驱动是调整经济结构、经济转型升级、经济增长的动力源泉。另外，从党的十八大报告中可知创新创业活动能够决定经济发展方式的转变。所以，在经济新常态的背景下，确保区域经济发展最重要的因素就是创新创业精神与创新创业能力。由此，创新创业教育这种新的理念和模式适应了经济社会和国家发展战略，迎合了教育部在 2010 年提出的"大力推进高等学校创新创业教育工作"这一理念。创新创业教育的本质就是"以培养受教育者的创新精神、创业意识与能力为基本价值取向的教育理念与教育模式"，它是经济结构调整、经济增长方式转变和产业转型升级的必然趋势。创新创业教育的目标就是培养出高创造力、高素质、高能力的人才，经济高速运转的动力就来自挖掘和培养这些高水平、全面发展的人才。区域经济发展最大的特点就是区域特色以及区域优势，创业者自身所具有的创造力能够与当前社会的就业形势相适应，为推动区域经济发展与繁荣贡献了巨大的力量。新创办的企业质量和数量能否与国家经济发展相适应，在经济新常态背景下区域经济能否继续发展，都取决于创新创业者的质量和数量。所以高校要根据时代需求对人才的培养模式进行调整，使其不仅具有理论知识，还具有实践能力，同时也具备服务区域经济和社会发展的能力，最终可以实现与区域经济和社会发展的良性互动，变成真正的创新创业型人才。

[①]　李振通. 聚焦"十三五"[M]. 北京：光明日报出版社，2015.

（二）以知识型创业为目标

有研究表明，创业每增加 1％，那么就业就会增长 0.1％～0.22％，由此可知，目前我国的经济发展战略由"资源驱动"向"创新驱动"转变，在经济增速放缓的情况下"大众创业，万众创新"成为主要的应对方式。高等院校创新创业教育的发展方向应是激发学生的创业意识，提高学生的创业素质及创业的成功率。从经济新常态的特点可以看出，我国知识型劳动者应该是创新创业的主体。目前，我国高校都在对学生进行创新创业教育，也就是说，大学生通过在学校内接受创新创业教育，能够提高他们的创新素质与技能，挖掘创新潜力，最终成为知识型创业者。这种创业者的特点在于能够摆脱技术控制与依赖，将产学研结合起来，能够通过自主创新推动区域经济的发展进步。高校一定要承担起创新创业人才培养的责任，这就需要发展创新创业教育。在进行专业设定及明确人才培养目标之前，一定要明确区域经济发展的需要，与地方经济相融合，进而形成相互促进、相互需要的关系。所以，要重视对教学内容、教学模式、师资力量的设置，这些都会对培养知识型创业者产生直接的影响，也会对转变经济发展方式背景下高校创新创业教育的新特征产生直接影响。

（三）转变经济发展范式

经济新常态背景下能够促使人才、产业、资本发生变化的最重要因素就是互联网，互联网使创新与创业产生了新的变化，也就是说，它能够转变经济发展的方式。互联网的大数据挖掘与分析技术对整合众多分散的闲置资源有着积极的影响，可以促进经济发展。从互联网经济的参与主体来看，大众参与是其最突出的特点，因为他们拥有足够多的供方与需方，参与者不仅可以是生产者，也可以是消费者；从互联网经济的参与客体来看，通过网络可以整合分散的众多资源，有效配置这些资源。此外，互联网更为注重用户的体验。所以，在互联网时代，各大高校在进行创新创业教育时应该让学生掌握新的互联网技术，提高他们运用互联网技术的能力，即不但要重视投入生产要素的质量与数量，还要注重使用智力、知识和数据资源，当前在校大学生正好能够在创新创业教育中获得上述技能。因此，在经济新常态背景下，互联网经济引起的经济发展模式的变化，可以引导地方高等院校在进行课程设置和教学模式改革时，使其创新创业教育具有转变经济发展的特征。

二、经济新常态下大学生创新创业教育存在的问题及对策

(一)经济新常态下大学生创新创业教育存在的问题

1.大学生创新创业教育内容不够完整

高校设置的创新创业课程内容灵活、粗浅,知识的范围较为狭窄,一般情况下进行课堂教学时只包含粗浅的基础知识,对学生进行创业启蒙教育,以后学生在实践中要用到的知识还不太完善,大学生本专业的创新创业知识也不完善,创新创业教育不能为不同专业的学生量身定制,难以满足他们的各种要求,以致大学生在创业上存在致命的缺陷。同时,在调查过程中发现,大学生更希望学校的创新创业教育中出现关于创新创业的丰富理论知识,由此可知,大学创新创业教育内容有待进一步完善;在创新创业课程中,并没有注重对相关创新创业政策的介绍和解读,很多大学生表示对创新创业相关政策的了解和掌握不足。

2.大学生创新创业教育形式不够丰富

现阶段,所有高校的创新创业教育都是单独开课的,课堂教学与实践活动相结合是创新创业教育的主要形式,教育过程脱离了高校整体教学,在高校培养人才的过程中,创新人才与创新创业人才的培养并不与之相融,并且只在创新创业教育的课堂上培养大学生的创新精神,不能与高校整体教学互相融合,不能实现无缝连接地培养人才,对大学生形成创新思维、提高创新能力会产生消极的影响,最终难以获得合格的创新创业人才;高校创新创业教育在国家政策的指导下,已经在校园内部完成了实践平台的建设,其中,有些学校的实践平台发展较为稳定,但是还有一些学校刚刚开始平台的建设。从各个学校的创新创业教育的实施情况来看,创新创业实践平台主要包括大学生创业孵化基地、大学生科技园、大学生创客空间。但如果大学生想通过实践平台获得锻炼的机会,上述这些都不是很适合,并且在校园内也很少举行创新创业活动,大学生创新创业实践能力的锻炼形式稍显单调。

3.大学生创新创业教育效果不够理想

在大学生创新创业态度和认知方面,大学生创新创业的意识强,对创新创业持有积极态度,响应国家提出的创新创业口号。然而,在大学生毕业后面对创业与找

工作的选择时,他们一般不会选择创业,因此大学生整体的创业意向薄弱。在大学生参与创新创业教育方面,大学生创新创业参与度低。通过学校举办的一些创新创业教育活动中能够看出,只有很少的大学生选择参加这种活动,参加这种活动的一般都是创业意向很强的学生。在大学生的创新创业素质方面,他们缺乏创新意识,在创业时选择的项目没有很大的创新性,科学技术成果体现得少;在创新创业政策方面,他们对当前国家出台的有关创新创业的政策不太了解,也不能恰当地运用。另外,大学生缺乏创新创业的基础知识和能力,创新创业综合素质培养效果不理想。

(二)经济新常态下完善大学生创新创业教育的对策

1.强化政府引导

(1)加强大学生创新创业法律保护与政策激励

在法律层面提高对大学生创新创业的保护力度,国家应制定相关政策鼓励大学生进行创新创业。健全和完善大学生创新创业的融资制度,加大大学生创新创业的投资力度,形成学校、政府与企业互相合作的模式,建立健全各地区银行小额贷款、创新创业基金、风险投资相结合的多渠道创新创业融资途径,实现对大学生创新创业资金的长效保障。适当延长小额贷款的期限,减免一些大学生注册创新创业公司的费用,让大学生在创业过程中享受一些优惠待遇。加大监管使用大学生创新创业绿色通道的力度,保证落实上述大学生创业的优惠政策。提高培训指导大学生创新创业的效果,完善各个服务项目,支持和指导对项目选择、政策解读、创业技术指导、合伙人招募及其他创新创业相关问题咨询等的管理,为大学生创新创业可能会遇到的风险提出一些实用的建议和解决办法,在制度上能够充分保障大学生创新创业的实现,免除大学生对创新创业的担心,鼓励他们积极参与创新创业。

(2)加强大学生创新创业相关信息宣传

①宣传方式的多样化。当前,新媒体是传播文化的主流,因此,创新创业信息的宣传要充分利用电视、微博、网站、微信等渠道,同时加大宣传大学生创业服务网等权威网站的力度,通过各和途径进行宣传,使宣传取得更好的效果,营造学校创新创业的氛围。

②宣传内容的多样化。政府与有关部门要及时发布创新创业最新的相关信息、创新创业政策的解读、创新创业技术的指导、创新创业模范的介绍,并及时通报

各个大学创新创业教育的实施状况,告知各地大学生创业有哪些优惠政策,建设大学生开展创新创业实践的平台,使学生明确创新创业的重要性,积极参与到创新创业之中。

③宣传质量的提高。对各种创业节目进行选择和优化,使最新的政策能够通过创业类的电视节目传达给广大学生,学校应对大学生进行创新创业基础知识的教育,争取让所有大学生都能了解创新创业的政策知识,并能够享受这些政策给予的优惠。

2.加强高校创新创业教育管理

(1)更新高校创新创业教育理念

①在以培养创新人才为核心的背景下,提高创新人才的培养意识。坚持创新和创业融合的教育理念,加大创新人才的培养力度,对创业中出现的科学技术及思维想法的创新要持支持和鼓励的态度;重视科学技术创新,支持学生开阔视野、深入探索,培养学生形成独到的眼光,并能够对行业进行精准定位,激励大学生进行新领域及新行业的开发与拓展;让学生积极参与到学校内部创新成果的转化过程中,实现创新和创业有效衔接,力图将学校的最新研就成果转化为创新创业的因素,使学校内部能够实现学生创新成果的转化与发展,让这些成果能够带来实际的利益,方便人们的生产生活。

②保证全体学生都能接受创新创业教育、全面培养,并贯穿教育整体过程。实现全体学生接受创新创业教育,并重点培养;要全面培养大学生创新创业教育的综合素质,在学生增加知识,提高能力的同时还要进行创新精神的培养;大学创新创业的教育要贯穿整个教育过程之中,整个过程不仅包括各学科的教学全过程,还包括高校多年教学的全过程。另外,创新创业教育的理念要贯穿课堂教学—课程评价过程、各专业学科教学—课后业余活动过程、技能操作—实践活动过程、入学—择业过程,这样才能达到提高大学生创新创业教育能力的目的。

(2)完善高校创新创业教育制度

①健全与完善创新创业学生学籍管理制度。落实创新创业大学生的学籍管理政策,对于进行创新创业的大学生实行弹性学制管理,根据学校的实际情况,制定创新创业大学生的弹性学制政策与保留学籍进行创新创业的管理办法,大学生学业考核与评价模式上也要保证创新创业大学生的利益,使创新创业的大学生可以保留学籍或延期毕业,保证大学生不仅能够实现创新创业,还能顺利完成学业。

②完善高校教学评价制度。丰富教学评价模式,突出对真实学习效果的评价,

要将以知识水平为核心的评价标准逐渐转化成以能力水平为核心的评价标准,由定量评价的方式转变为定性评价的方式,考察的重点由智力因素变成非智力因素,如兴趣与性格、情感与意志、目标与抱负、需要与动机、胆识与魄力等,能够全面、综合考察大学生的素质。比如,在期末考查时使用多样化的方式,健全和完善在本科生论文发表、发明创造与专利申请、创新创业实践活动等方面的奖励制度。在进行学业考察时,学生参加的创新活动和创新创业活动要适当地多加分,指导帮助大学生进行专利申请,推动大学生发挥自身的想象力与创造力,开拓创新思维与创新能力,以提高大学生创新创业的整体素质。此外,也要不断完善创新创业大学生学业考核和评价机制,明确大学生在创新创业时的时间分配与能力倾向,制定恰当的学业考评机制,让创新创业的大学生能够在学业考评中获得优势,健全创新创业学分管理制度,实现创新创业学分转换。

③制定跨专业创新创业人才培养制度,培养各个专业的创新人才、创业人才及创新创业人才,大学生在制度的支持下可以学习除本专业之外的其他专业的课程,前提是不影响本专业的学习。由此可以综合各专业的优点,提供给大学生更多创新创业的选择,使学生积累更丰富的不同专业的知识,提高能力,最终形成有利于校内专业知识互通、专业技术互补、校友互助的新的创新创业教育机制。并在这一机制的前提下构建创新创业学分制度,激发大学生学习的积极性,鼓励他们创新思维方式,培养复合型高素质人才,以满足创新创业的需要,在制度上保障大学生实现跨专业创新创业。

3.优化大学生创新创业教师队伍

（1）加强校内创新创业教师队伍建设

对进行创新创业教学的教师进行专业化培训,使他们牢固掌握创新创业的基础知识,学习较为先进的国内外创新创业教育方法,专职创新创业教师应加强自己的专业知识储备,提高自身的职业素养。在国家政策的支持下,教师如果有一定的兴趣与能力,那么就可以实行兼职创业或者离岗创业,在创业的过程中可以获得更多的经验,将这些运用于创新创业教学实践之中,能够发挥更加积极的作用,并提高教师的教学能力。教师还要通过各种科研资源积极开展科研创新,让大学生能够对创新创业产生兴趣,引导师生共同实现科学技术的创新。专业课教师和创新创业教师应该保持良好的沟通,使大学生能够运用所学专业知识实现创新创业。各个专业都要培养几个创新创业的带头人,领导创新创业教师积极进行创新创业教育。

（2）增加校外创新创业教师比例

首先，组织宣讲会，会上邀请社会上较为成功的青年创新创业者及优秀的校友等，尽可能多地让学生能够在会上提出自己的疑问并获得解答，通过创新创业的成功典型来提高大学生创新创业的积极性，并且能够根据成功者自身的经验和教训减少大学生创业风险，帮助他们解决创业过程中遇到的问题。其次，组建创新创业教学兼职导师队伍，邀请知名企业家及企业管理精英加入其中，并与校外导师建立长期合作关系。最后，在大学生进行创新创业实践的过程中，邀请企业家或者管理专家对他们进行指导，帮助他们掌握核心技术的应用和项目运营。此外，一些专业院校还可以聘请其他学校优秀的创业经济与管理相关学科教师作为本校的客座教师，与创新创业理论课校外导师长建立期合作关系，进而建立强大的创新创业教育导师队伍。

4.鼓励社会扶持并参与大学生创新创业教育

（1）营造良好的创新创业环境

区域经济的发展及培养高等教育人才并输送给社会的前提就是地区拥有优良的创新创业环境，高校培养创新创业人才必须保持社会创新创业环境的成熟与稳定。所以，各地区必须在适宜的社会创新创业环境中推动大学生创新创业教育的发展与进步。首先，必须真正落实政府制定的有关大学生创新创业的政策，完善市场经济体制，稳定市场经济秩序，同时还要设置相关监察部门，如果因为政府一些部门执行政策不到位，进而造成大学生创新创业秩序混乱，那么就要对这些部门进行严厉查处。其次，形成大学生创新创业的联盟，联合已经毕业的大学生创新创业者对在校大学生创新创业进行帮助，这些毕业的大学生能够提供给创业初期的大学生一些成功的经验和失败的教训，帮助他们避免一些创业路上的风险，延续大学生创新创业精神，共享创新创业方法，发展创新创业教育。最后，在社会和媒体的宣传下，使当前存在的陈旧的和错误的就业观发生改变，使人们对大学生创新创业有一个正确的认识，提高大学生的创新创业意识，创造适宜的创新创业环境。

（2）加大大学生创新创业的社会帮扶力度

以国家政策为支撑，社会各界要响应国家号召，积极推动大学生创新创业教育的发展。各级各类社会组织必须对大学生创新创业予以实际上的支持，比如，在资金上支持大学生创新创业，满足一定条件的个人或者公司要参与风险投资，并以投资大学生创业项目为优先，大学生创新创业者应该成为青年创业引领计划、公益扶持基金及中小微企业扶持基金的优先投资对象。要深入贯彻"大学生创业引领计划"，对创业担保贷款与小微企业实施减税降费政策。在理念、技术、管理上大学生创新创业应获得各种社会组织的支持和帮助，提高创新创业的质量，保证企业能够持续发展。共青团也要给予大学生支持，设置创新创业最新信息的交流平台，鼓励大学生创客互相交流经验，使大学生能够在积极活跃的社会氛围中实现创新创业。媒体要正确引导并鼓励大学生创业，增加对创新创业信息的宣传，引领积极的大学生创新创业舆论导向。

三、经济新常态下大学生创新创业教育的重大意义和发展机遇

（一）经济新常态下大学生创新创业教育的重大意义

1.有利于经济结构的优化升级和创新型国家建设

大学生本身具有巨大的创新创业潜能，对大学生进行创新创业教育，能够为创新型国家的建设提供人才支撑及智力保障。基于大学生创新创业教育的优势，按照"知识→资本→创新→成果"的途径发展，一方面有利于经济发展方式的快速转变，另一方面对丰富传统产业的内涵及品质的提升也有积极作用，进而在经济发展中体现创新性。

2.有利于实现高等教育转型

现阶段，以培养人才的类型为划分标准，我国高校的主要类型包括普通本科院校、高职高专院校及学术型、综合型大学。对大学生进行创新创业教育，一方面，能够使将学术发展作为核心的高等学校向世界一流研究型大学转型，提升师生的创新意识，培养他们的企业家精神，通过学术主题完成创新创业（即新型"学术创业"）；另一方面，能够使将服务行业和地方经济社会发展作为学校核心的高等院校向应用技术型大学转型，造就应用型与操作型的创新人才，并能够让潜在的生产力转变成现实的生产力。

3.有利于缓解毕业生就业压力

通过目前大学毕业生数量逐年增加但就业率却迟迟未见明显上升能够看出，在当前就业形势背景下，传统的就业方式已经不能与之相适应，因此，创新创业教育应运而生，不仅能够帮助大学生实现受教育观念与就业观念的转变，培养其创新

意识与企业家精神,增强创新能力,使就业率得到很大程度的提升,还能为社会提供更多新的就业岗位,缓解就业压力。

4.有利于实现大学生自我发展

实践证明,创新创业教育对于学生创业意愿的发展有积极影响,虽然研究结果并不是非常明确,但从现有研究结果中能够看出创新创业教育有利于学生未来的创业就业。实施创新创业教育有利于大学生建立科学多元的就业择业观,有利于大学生创新精神与实践能力的培养和大学生综合素质的提高。

(二)经济新常态下大学生创新创业教育的发展机遇

我国现阶段的经济呈新常态式发展,而且这种发展会持续很长一段时间,具体体现为"速度下台阶,效益上台阶"的状态,并在其中蕴含着新的机会。这段时期内不仅有新的挑战,同时也有很多机遇,因此,政府要积极推动高校进行创新创业教育及大学生自主创业指导工作。

1.新型城镇化的新常态将为大学生创新创业教育提供广阔空间

经济新常态背景下的城镇化属于新型城镇化,它的核心在于"以人为本",最明显的转变就是不再将物力资本当作唯一的重点,反而将人力资本、物力资本、文化资本及社会资本等多元化资本作为重点,在进行创新创业人才的培养过程中能够增大就业创业的机会,改善城市居住环境和文化氛围,提升城市人口质量。由此可知,必须在创新创业教育的前提下进行新型城镇化建设,特别是大学生创新创业教育能够改变之前"千城(镇)一面""产业高度同质同构"的情况,加速新型城镇化的进程;反之,创新创业教育也能在新型城镇化背景下获得广阔的发展空间,大学生想要立足,就必须具备创新创业的知识与技能。

2.产业高端化的新常态将为大学生创新创业教育营造全新环境

在当前国内发展战略性新产业的背景下,必须加快优化升级传统产业的速度,而实现产业的高端发展则必须依靠创新,通过创新创业教育为社会创造一个"实业能致富,创新致大富"的环境,促使创新产业的产生并发展。另外,如今国家政策向大学生群体倾斜,给大学生提供了一个绝佳的机会,在接受正规创新创业教育之后,他们能够准确地给自己定位,实现自我发展,通过学习与实践进行创新创业能力与精神的培养,在完成学业之后可以在高端产业中工作,成为工作岗位求职者和创造者的"双向劳动者"。

3.社会信息化的新常态将为大学生创新创业教育提供技术支撑

经济新常态中的信息化具体体现在两方面,即产业的信息化与信息的产业化。第一,在各个领域都出现了新兴产业,这些产业的代表就是"互联网＋",它们在未来的发展潜力巨大,在开发与利用信息资源方面是需要创新型人才的,大学生就是首选,由此对大学生进行创新创业教育势在必行。第二,信息的产业化能够为产业发展提供技术上的支持与平台,通过研究发现,现代信息技术的应用能够帮助大学生规避创新创业的风险。

4.大学生创新创业教育能进一步扩大教育需求,成为经济增长的新亮点

在新的教育理念与教育模式下,大学生创新创业教育进入高等教育体系,集中体现了知识经济时代高等专业教育的创新性,创新创业教育成为高等专业教育的有机组成部分。这一专业教育的创新形式有利于高等教育内需的扩大,还能够刺激社会教育消费,而且对于新建地方本科院校和高职高专类院校来说会有很大的影响。比如,招收更多在职优秀技能人才、职业学校毕业生及普通高中毕业生,以合作办学、联合培养等方法实现传统教育模式的转型,培养高级知识技能的创新创业人才。

5.大学生创新创业教育能进一步培养

为了达成"中国制造2025"的目标,必须培养当前人才的创新创业意识与能力。"中国制造2025"在中共十八届五中全会上被列入政府工作报告中,并提出中国要从"制造大国"转变成"制造强国",由此,培养制造强国所需人才就成了最需要解决的问题。大学生创新创业教育的实施就是为了实现创新创业人才的培养,然而,需要着重指出支持大学生创新创业不是为了让他们开公司或赚钱,而是为了帮助大学生建立自信心,培养"双创"意识和能力,具体包含创业自信心、创业资本要素、创业动机及管理技能等,让他们能够获得更多的机会拓展和成就事业,也必将为我国同步进行工业化与信息化提供人才保障。

第三章　经济新常态下大学生创新创业教育体系

为了推动创新型国家建设,我国提出了发展大学生创新创业教育的重大战略措施,而经济新常态下高校创新创业专业人才的培养需要以完善的大学生创新创业教育体系作为依托。本章是对经济新常态下大学生创新创业教育体系的论述,内容涵盖大学生创新创业教育组织管理体系、大学生创新创业教育课程体系、大学生创新创业教育评价体系及大学生创新创业教育社会支持体系。

第一节　大学生创新创业教育组织管理体系

一、创新创业教育组织机构

有效开展大学生创新创业教育的关键在于管理体制与机制的完善。当前,高校主管创新创业教育的部门通常比较封闭,资源无法得到有效利用,且需要大量资金。必须整合资源,产生整体优势,对大学生创新创业教育教学规划进行统一制定,实现大学生创新创业教育的良好运行。例如,在人才培养体系方面,作为一种社会组织,高校与别的组织没有任何差别,均具备鲜明的管理学特征。事实表明,高校这样的组织也能够运用管理学中的部分经典理论框架和分析方法,来完善组织机构功能,推动工作机制的健全,为大学生创新创业教育的发展提供保障。

(一)创新创业教育领导小组

高校党政主要领导,高校相关职能部门,如督导处、教务处、就业创业指导处、团委及各二级院系的主要负责人是创新创业领导小组的主要成员,创新创业教育领导小组的工作内容包括:对高校的创新创业教育工作进行专门的组织领导,站在战略高度上对创新创业教育进行设计,推动制度建设,要求相关职能部门对创新创业教育课程体系、创新创业教育教学规范、创新创业社团管理制度、创新创业实践基地管理制度、创新创业教育质量评价标准、创新创业教育保障体系等加以制定,在广泛吸纳意见和建议的基础上,领导小组依靠民主决策程序,改进相关职能部门制定的制度,出台规范的文件,并将其传递至高校所有职能部门和二级院系,并使其得到全面落实。此外,领导小组还承担指导创新创业教育中的重要事项,如覆盖全局的规划、政策、表彰等工作,承担对高校所有层面的创新创业教育活动进行检查、监督与评价的任务,同时管理、监控全校创新创业教育工作与学校的各种创新创业教育组织或团体。创新创业教育领导小组一般包括两个机构,即创新创业教育综合办公室与创新创业教育宣传办公室。1位组长、2位副组长、1位秘书长是创新创业教育领导小组的基本人员配备。

1. 创新创业教育综合办公室

作为领导小组的执行部门,综合办公室主要承担下列工作:制定创新创业教育发展规划、完善计划总结,对高校有关职能部门起草的与创新创业教育相关的规章制度进行整理,并将其提请领导小组讨论,展开与创新创业教育相关的会议,按照领导的指示,认真做好会议召开前的各种准备工作及会议记录工作,对会议发布的文件进行整理,下发通知要求高校职能部门和二级院系对会议决定进行认真贯彻。编制创新创业教育年度预算,向包括企业等在内的全社会募集资金,扩大创新创业教育经费筹集渠道,改善当前创新创业教育经费极度缺乏的状况。此外,综合办公室还应该负责同校外单位,如政府、企业和兄弟院校等的联系工作,认真完成领导安排的涉及创新创业教育的其他任务。综合办公室的组成人员均应对创新创业教育所有阶段的工作了若指掌,其基本人员配备为1位主任、1位副主任、1位综合秘书、1位办事员。

2. 创新创业教育宣传办公室

宣传办公室主要承担以下工作:面向高校内外宣传创新创业教育的动态,利用网站或校报对本校的创新创业教育的活动和创新创业教育在课程建设、教学方法、实践基地建设与理论方面取得的成就,以及本校学生开展创新创业活动的状况等进行深入报道。为构建良好的创新创业教育舆论氛围,宣传办公室应该树立创新创业领域的教师与学生模范。此外,创新创业教育宣传办公室的工作内容还包括:分享最新的创新创业信息、刊登其他高校在创新创业教育领域的先进经验、将本校创新创业教育的优秀事迹提交给上级主管单位与各家新闻媒体。当然,宣传办公室应该将设计和维护创新创业网站作为日常工作,认真设计、制作与维护部门网页,网站内不仅应该包括动态报道、校内外创新创业教育的最新政策规定,而且应该具备互动窗口,对学生提出的关于创新创业方面的问题给予快速回复,帮助他们解决困难,使网站集新闻、工具、指导等多种功能于一体,进而增加网站的点击率,推动网站舆论引导功能的发挥。宣传办公室的成员均应在宣传与创新创业教育领域有所擅长,基本人员配备为1位主任或1位副主任,数名综合秘书或执行人员。

(二)创新创业教育管理中心

1. 创新创业教学办公室

创新创业教学办公室具体应承担以下工作:召集有关人员明确创新创业教育的课程体系、教学内容与课程标准,安排教材的编写,促使创新创业教育融入专业教学;规划协调各学年开展创新创业教育课程的班级、具体课程、任课教师、教材征订工作,打印下发课程表,收发所有任课教师的教学计划,并在请示领导后存档,安排创新创业教育课堂教学中的学生成绩的考核工作,管理创新创业教育教学的全过程;对创业教育教学教研室的诸多材料,如计划、总结、研究成果和创新创业教育实践教学大纲进行搜集整理,对教研室在教学过程中面临的诸多难题进行快速处理;认真开展师资引进与教师培训工作,采用多种手段对创新创业教育师资培训进行规划,如邀请其他高校的知名教师来学校讲学、高校各个年龄段的教师合作学习、鼓励青年教师参与校外培训等,此外,还应该负责年度计划与总结的起草,认真完成领导安排的涉及创新创业教育的其他任务。创新创业教学办公室的所有工作人员均应胜任创新创业教育教学业务,其具体人员配备为1位正主任、1位副主任、1位秘书。

2. 创新创业活动办公室

创新创业活动办公室的职责主要是规划与安排大学生创新创业活动,具体表现为:安排创新创业讲座和学生校内外创新创业规划大赛,对学生创新创业社团进行管理,与其他创新创业教育职能部门合作,安排好创新创业实践基地项目、签订合同、新老项目交接等工作;鼓励学生参加新创业技能证书考试,并在考试前对其进行辅导和必要的培训;鼓励学生积极参加各个层级的创新创业规划大赛,认真挑选、抽调、辅导参赛学生。同社会上的诸多企事业部门建立紧密联系,为学生的创新创业争取广泛的资金支持,开辟创新创业教育资金新渠道。创业活动办公室的组成人员应该拥有出色的策划、组织、协调能力,具体人员配备为1位主任、1位副主任、1位秘书。

3.创新创业实践基地管理办公室

创新创业实践基地管理办公室承担的工作为综合管理创新创业实践基地,指导基地的大学生创新创业项目,并管理各个环节,将项目进入、退出作为监督的重要环节,当学生在经营项目的过程中遇到困难时,及时提供帮助,提高基地运行的有序性与实效性;切实维护基地的基础设施与办公条件,使基地中的人、财、物及基地资产的运作获得安全保障。监督项目的经营范围与程序,确保经营范围与合同规定的范围相一致,避免经营活动与现行法规相冲突,按照法律严肃处理违法经营活动;开辟更多的创新创业实践基地,不断拓展学生的创新创业实践平台;成立创新创业实践服务团队,将拥有特殊技术和广泛社会经验的诸多领域的教师纳入进来,指导学生的创新创业实践,认真解答学生提出的各种问题。

(三)创新创业教育监控中心

1.创新创业教育教学督导办公室

此办公室的基本职责是监控创新创业教育教学过程,对教学计划的制定与贯彻、教师教学和学生学习、学生的创新创业课程成绩、创新创业实践基地的建设和管理、创新创业课程校内外实训等诸多状况进行监督,定期在创新创业教育网站上发布创新创业教育教学简报,将获得的成就与出现的问题详细列出,实现全面公开。另外,此办公室还负责采集创新创业教育教学数据的工作。针对取得良好成绩的创新创业项目,应该对参与者进行采访,将参与者的动机与经验详细记录在案,形成文字、图片材料,树立创新创业模范。在数据采集、整理和分析的基础上,对学校在创新创业教育领域获得的成就与面临的挑战进行认真归纳,找到改善创新创业教育的方法,从而为创新创业教育领导小组的决策提供参考。

2.创新创业教育研究会

为了改善学校创新创业教育体系中的缺陷之处,解决其面临的挑战,创新创业教育研究会通过课程招标的形式鼓励全体教师共同探索创新创业教育理论。创新创业教育研究会应该以创新创业教育教学基础数据和调研工作为基础,制定年度课题指南,认真做好课题申报的通知、搜集与评价工作;课题通过后,安排科研合同书的签订,对课题进行中期审查与结题,对课题研究中的成果进行分类编册并提交,从而为创新创业教育领导小组的决策提供借鉴。此外,研究会还负责以下方面:鼓励教师积极参与同创新创业教育教学相关的诸多研讨会和交流会,让教师以顾问与导师的身份加入创新创业组织,为学生的创新创业实践提供指导。

二、创新创业教育教学管理

(一)完全学分制的教学管理机制

在高校招生人数持续增加的大背景下,学生之间的差异愈加明显,社会对人才的需求呈现多元化趋势。创新创业教育面对这种状况,应该坚持以人为本的思想,尊重学生的个性差异,而与其相对应的教学管理机制就是完全学分制。所谓完全学分制,是围绕弹性学制与选课制建立的教育体制,是通过学分对学生学习情况进行评价,通过学科知识模块对学生进行培养的管理制度。例如,将弹性学制用于对正在进行创业的大学生实施强性学制,同意他们的学业分阶段完成;学校允许部分创新能力出色的大学生休学进行社会创业,他们的学籍由学校保留,免除他们学业上的顾虑。

(二)课程自修和免修/学分置换的个性化培养机制

为推动学生的个性化发展,积极引导学生在课余时间进行自主学习,参与各种创新创业实践。课程自修机制指的是允许具备自学能力出色的学生进行课程自修以提倡学生自主学习。课程免修/学分置换机制指的是如果学生的能力客观上符合或高于某一门专业选修课程或某一实践环节的标准,同时创新创业与素质拓展学分与"课程免修/学分置换实施办法"相关规定没有冲突,在学生申请、公开答辩通过后,能对此课程或实践环节免修,同时取得学分。

(三)多视角评估的教学考评机制

一些学者在美国福特基金会举办的"21世纪理想大学模式"研讨会上指出,真正的大学生不能一天到晚坐在教室中捧着他人的教科书进行研习,必须从根本上转变老师仅负责"给分"及学生被动接受知识和技能的状况,必须将评价的重点放在学生是否具备较强的工作能力与创新意识上。根据课程、实践环节的不同,运用多种类型的手段,具体包括:卷、开卷、半开卷,口试、笔试;阶段测试及课题讨论、论文、小组研究项目、撰写报告、答辩等。

（四）以创造为价值导向的教学激励机制

在大学生创新创业实践深入开展的过程中，创新创业激励机制发挥着重要的基础性作用。高校要将大学生创新创业精神的培育上升到教学目标与可持续发展的高度，使学生拓展自身"创新创业式的思维方式、进取心、灵活性、创造力、冒险的愿望，抽象思维能力以及视市场变化为商机的能力"，[①]进而实现人的全面发展。完善的激励机制不但应该表扬、奖励那些已经取得相当成就的创新创业项目，而且应该支持和鼓励那些潜力巨大的创新创业计划，使学生觉得自己与创新创业的距离很近，倘若自己的计划完善，非常有价值，那么就能实现自己的理想，该激励机制能够提升大部分学生参与创新创业实践的积极性与主动性。

（五）创新创业教育质量检测跟踪机制

应该构建在校学生和毕业生创业信息跟踪系统，对反馈信息进行搜集，完善数据库，将未来的创业成功率与创业质量纳入创新创业教育评价标准中，进而指导高校的创新创业教学工作，构建推动创新创业人才涌现的教育体系。

三、创新创业教育资金管理

在创新创业初期，学生通常都缺乏资金，学校应该从多种渠道筹集经费，支持学生创新创业。

（一）设立创新创业启动资金

首先，高校可设立专门用于创新创业教育工作的创新创业基金，定期向其划拨部分资金，支持大学生参与创新创业实践。对大学生创新创业活动进行立项，明确团体主导者与参与者，划拨部分资金，聘请指导教师，策划执行方案，明确终止日期等。其次，学校积极引导师生一起参与科研活动，使学生的创新创业实践从科研中得到资金与其他领域的支撑。最后，学校将贫困生勤工俭学与学生"三自教育"加以融合，尽量将与学校后勤相关的学生服务部门的主管事务与经营权移交给学生。

---

① 张洪军,包丽.大学生科技竞赛研究与实践[M].哈尔滨:哈尔滨工程大学出版社,2015.

（二）争取各级政府的支持

高校要努力争取中央与地方政府,特别是各级地方政府在多个领域的支持,包括产品开发项目支持、财政支持、货币政策支持,推动创新创业教育的发展,提高大学生创新创业的主动性。

（三）争取社会力量的支持

高校要鼓励师生组建创新创业团队,针对一个市场前景广阔的新产品或新服务策划可行性报告,并将其推荐给事业有成的校友、有关企业或投资人,进而获得经费支持,开办企业。

第二节　大学生创新创业教育课程体系

一、大学生创新创业教育课程体系的内容与特征

（一）大学生创新创业教育课程体系的内容

1.通识类创新创业课程

开设通识课程的目的是使学生对各个学习领域均要涉及的技能(如读写能力、计算机能力等)进行系统把握,其可以为大学生整合各个领域的知识提供帮助。通识课程的一般表现形式为公共基础课,鉴于院系分类与各专业之间的差异,各个高校安排的创新创业基础课程有所不同,但要求学生一起学习的创新创业课程均有设置。通常来说,低年级学生关于创新创业的公共必修课程包括"大学生职业生涯规划""大学生就业与创新创业指导""创新创业基础"等,任课教师应该按照专业性质与以后学生从事职业的特征,向学生有针对性地传授同其所学专业具有密切联系的职业知识与创新创业技能,这要求教师必须具备专业知识或职业经历,为学生提供极为专业化的指导与反馈,摒弃枯燥乏味的说教。此外,针对部分具备鲜明的创新创业意识、较高的创新创业能力和创新创业精神的高年级学生,应该参考美国社区学院的成功经验,安排一些更加专业化的课程,如"创新创业入门""创新创业

心态""企业家精神强化""小企业管理""商业模式创新"等,同时加强中文写作与商业数学能力训练,让其依靠学习来把握创新创业基础理论知识,提升基本创新创业能力,从整体上理解创新创业,为其未来的创新创业奠定基础,拓展发展空间。

2.学科创新创业课程

高校人才培养的任务及大学生学习的基本目标与重点是深厚的专业知识、技能及优秀的专业能力与素质。学科创新创业课程要以专业教育为基础,依靠创新创业课程与专业课程体系的有机融合,增强学生建立在专业知识与技能基础上的创新创业能力。以专业教育为基础,安排同专业课程相结合的创新创业课程体系,目的是让学生对所学专业知识体系有一个深入的了解,从而真正学习与把握创新创业能力。参考美国社区学院的经验,高校学科创新创业课程通常包括两个方面,即专业必修课与专业选修课。由于高校院系分类与各专业之间的差异,应该按照自身现实情况进行具体安排。学院应该按照专业特点安排具有鲜明专业导向的创新创业课程模块,如计算机类的专业应该安排的课程模块为"互联网发展趋势及创新创业",环境规划类的专业应该安排的课程模块为"环境创新创业"。鉴于国际经济与贸易、金融管理与实务、会计电算化等专业同创新创业的联系非常紧密,因此应该将相对深入的具有明显专业性质的创新创业知识系统传递给这类专业的大学生,将创新创业课程与平常的专业课程教学相结合,安排各种与创新创业相关的课程模块,具体为创新创业学(机会分析、小企业财务管理、小企业法律问题、创新创业营销等)、会计学(小企业会计、会计学)、商业学(商业专业技能、企业沟通、人际关系),经济学(经济学基础、经济数学、经济法、市场营销、货币银行学)等。同时,高校应该以人文社科与理工科大的专业学科为依据安排各自的创新创业课程共性子模块,具体表现为,人文社科类专业可安排的课程模块为"文化创新产业",理工类专业可安排的模块为"新兴科技创新创业"。

3.创新创业活动课程

相较于学科创新创业课程重视理论知识的学习,创新创业活动课程则将提升学生的参与度与体验性学习及学生创新创业技能与创新创业实践能力的培育作为重点,这取决于创新创业教育的本质特征,即实践性。美国的创新创业课程坚持实践导向,树立以学生为中心的理念,设置了种类繁多的实践活动课程,我国高校的创新创业活动课程应该借鉴美国高校的成功经验,推动创新创业教育的发展。创新创业活动课程的内容非常丰富,分为碎片化知识的探索学习,密集型知识与经验探索两种,其中碎片化知识的探索学习包括嘉宾演讲、讲座、研讨会等;密集型知识与经验探索包括创新创业技能大赛、商业计划大赛、创新创业实习、体验式"促销"活动等,利用体验式的创新创业活动,鼓励大学生把掌握的创新创业理论知识与实践相结合,做到学以致用。同时,高校应该创建科技园、商业孵化器等真正的创新创业平台,让学生体会真正的创新创业氛围,参与平台提供的创新创业活动或项目,收获创新创业的真实感受,增强创新创业能力。这里需要指出的是,高校尽量将各种创新创业活动与创新创业平台提供给学生,并不意味着每个学生均要参与所有的活动课程,而应该是每个学生根据自身的特点、兴趣、能力,挑选同自身知识结构与能力特征相适应的活动课程类型,分层分类进行培养与训练,提升创新创业意识,增强创新创业能力,强化创新创业技能,让大学生通过真实的实践活动获得创新创业思维与解决创新创业现实问题的能力。

4.隐性创新创业课程

所谓隐性课程,指的是在不知不觉的情况下对大学生的创新创业思维与创新创业素质造成影响的,蕴含在学校的政策制度、硬件环境与校园文化中的环境或课程,因此也被称为环境课程,其具有非正式性与内隐性。间接性与内隐性是此课程的突出特征,其无形中会对大学生的创新创业情感与价值观造成影响。其可以分为硬件设备与软性制度两种类型,其中硬件设备涵盖高校创建的创新创业中心、创新创业实训基地、科技园、商业孵化器等,软性制度则包括校园创新创业制度、创新创业优惠政策与校园创新创业文化等,高校应该重点关注这些领域。

(二)大学生创新创业课程体系的特征

1.创新创业教育课程对象的主体性

教育的本质是对人进行培养,因此,创新创业教育课程是实现人的全面发展的活动。大学生在创新创业教育中占据主体地位,创新创业课程目标的实现,要依靠大学生积极主动的学习及外部条件的保障,如优秀的教师团队、良好的教学环境、完善的基础设施等。努力为学生创造良好的学习环境,激发大学生创新创业热情,提升大学生创新创业素质与能力,推动大学生在学习过程中产生独立、创新、勇于冒险的品质是高校创新创业教育课程的基本目标,在课程建设中必须对大学生的个体潜能及其发展规律加以深入了解,重视大学生的个性,给予大学生合理的选择权,帮助大学生拓展发展空间。此外,教师在创新创业教育课程中也占据主体地位,因此,要重视教师的培训工作,推动教师的专业化发展。

2.创新创业教育课程教学方法的实践性

创新创业教育的根本任务是提升大学生的综合素质与综合能力,在创新创业教育课程中,实践活动的地位极为重要,这是因为大学生只有积极参与实践活动,才能依据客观状况持续增强自身的创新创业素质与能力,因此,应该提高实践课程在整个课程体系中所占的比例,将更多的实践机会提供给学生,从而使大学生的创新创业能力得到进一步增强。

3.创业教育课程的超前性

政治与经济对教育有着深刻影响,但是教育也具备一定的特殊性,即超前性。创新创业课程建设应该基于社会现实,着眼于社会需要与长远发展,根据社会当前的客观状况,对未来的发展趋势进行预测,制定课程计划,合理配置资源。

二、大学生创新创业教育课程体系设置

课程设置是大学生创新创业教育实施的重要环节。它直接决定了创新创业教育所培养出来的是什么样的人才,拥有怎样的知识结构。目前,创新创业教育在我国的发展依旧处于起步阶段,在课程设置方面还在不断探索,已经得到开发的课程教材数量较少,且都不太成熟。在部分高校中,创新创业教育也只是作为"创业管理""商业计划书""企业家精神"及"科技创业"等不同形式的选修课存在,课程体系较为分散。通过已经存在的课程可以发现,我国的创新创业教育较为注重理论知识的传授,也就是注重对学生创新创业意识的培养,但忽视了对其实践能力的培养,也无法帮助学生将理论知识有效转化为实际行动。究其原因,主要还是在于我国创新创业教育发展滞后。

(一)指导思想

作为专业教育体系的一部分,创新创业教育在一定程度上也具有普适性,但是,基于培养目标、学科与专业特点等的不同,创新创业教育与专业教育相比也具有自身的特点,由此,也为其课程设置带来了一定难度。在开设创新创业教育课程时,可以将专业教育中具有普适性的课程作为创新创业教育的课程基点,然后在此基础上结合创新创业教育的独特性,设置一些具有本专业特色的课程,实现普适性与特殊性的完美融合。

（二）大学生创新创业教育课程体系设置原则

课堂教学是大学生创新创业教育的重要载体,其与专业教育相结合,目的在于培养和提高大学生的科学精神与人文素质,使其具备以后进行创新创业所需要的心理品质、知识和能力等。在设置创新创业教育课程时应当立足于培养目标,遵循以下原则。

（1）突出本专业的特色,实现课程设置与专业课程体系的有机融合。

（2）理论联系实际,实现创新创业教育理论与其实践活动的结合。

（3）专业教育与创新创业教育相结合,使创新创业教育思想渗透进专业教育的实践过程中。

（三）大学生创新创业教育课程体系整体设置

就目前我国的高校教育而言,专业教育是大学生构建自身知识结构与获取专业技能的主要渠道,学生的就业和创业方向也由其自身的知识结构和专业技能所决定。由此,创新创业教育必须与专业教育相结合,理论知识与实践活动相结合,构建具有鲜明特色的课程体系,培养学生的创新创业意识,锻炼其创新创业能力。

目前,我国的高校创新创业教育应当以培养学生的创新创业意识为着力点,旨在提高学生的创新创业能力,并坚持以大力开展创新创业实践活动为主线,构建创新创业教育课程的三大平台,这三大平台分别为基础平台、能力平台和实践平台。其中,创新创业教育课程的能力平台和实践平台可根据创新创业教育实践活动的发展而实时变化,逐步实现与专业教育课程的结合。在这一过程中,学生应当坚持创新创业学习理念,不断学习创新创业教育的相关知识,高校则应当在创新创业教育课程基础平台上,结合自身的办学特色和专业特点,适时加入与专业特点相符合的创新创业能力类和实践类课程。就某些方面而言,创新创业能力和实践类课程其实是专业教育的进一步发展和深化,因此,专业教育应当成为各高校进行创新创业教育的基础和支点,在发挥专业优势的基础上,进一步满足创新创业的要求,实现学生在学习专业知识的基础上,以自身的学习兴趣、学习需要和能力发展的需要为依据,提高自身的创新创业能力。

1. 创新创业教育课程基础平台

培养和提高学生的创新精神和创业意识是创新创业教育基础平台课程的主要

目的所在,为的是在短时间内实现学生对创新创业知识的理论和系统性学习,从而更加深入地了解创新创业教育,树立科学的、正确的就业观念,为以后学生走出校园,步入社会打下坚实的理论基础。全校性和跨专业性是创新创业教育课程基础平台的两大鲜明特色,其开展形式也是多种多样的,例如高校内常见的必修课、选修课及素质拓展课等。就类型而言,创新创业教育课程基础平台可以分为两个不同的类型,分别为创新创业意识类课程和创新创业知识类课程,其中,培养学生的创新意识和创新精神,促进学生创业心理品质的形成是创新创业意识类课程的主要目标;丰富学生的创新创业知识,使其对创新创业活动有初步的认知则是创新创业知识类课程的主要目标。

2.创新创业教育课程能力平台

创新创业能力类课程与专业教育具有密切联系,其把创新创业知识同每个专业的课程教学相结合,利用将创新创业元素合理添加至专业课程教学内容中的形式,完善课程架构与内容,使学生建立在专业基础上的创新创业能力得到极大提升。

(1)将与专业相关的职业发展分析和教育内容纳入专业课程体系。通常大学的专业教育均有一定的职业领域与其相对应,然而学生知道得很少,缺乏明确的就业前景,找不准创业方向,此方面知识的拓展,能够提高学生对将来所从事职业的想象力,明确创业方向,强化课程学习的目的性,为创新创业奠定知识与心理基础。

(2)提升专业领域的科研和技术开发水平。如今,大学生在本科阶段参与科研的机会并不多,高校必须改变这一状况,使大学生可以在适合的时机参与科研与技术开发,虽然由于受学术水平的限制,大部分学生无法为教师的科研提供很大的帮助,但学生依靠参与科研活动,熟悉科研过程,积累工程经验,增强了自身的工程意识与工程实践能力,从而为未来的技术创新与技术创业奠定了坚实的基础。尤其是技术开发工作,是激发大学生创新意识,增强大学生创新能力的重要方式,对其进行合理引导与组织,会收获令人满意的成果。

(3)重视专业领域的创新创业案例教学。在西方先进国家的大学教学领域,案例教学具有重要地位,哈佛大学的经济类专业为了扩展学生的相关知识,拓宽学生的视野,面向全球征集案例。案例教学最直接的作用是使学生深入了解社会职业奋斗的真实状况,在对他人的成功与失败进行分析的基础上,调整自身的认知与经验,同时形成一种对自身职业的真实感受,是利用课程提升创新创业经验的重要形式,而深入理解与把握这些经验和教训,能够使学生的创新创业意识甚至能力得到有效提升。

上述课程既能渗透到专业课程中,也能够成为独立的课程,重点是怎样将社会、行业甚至是生活中缺乏系统性的素材转变成与学生相适应的素材,此为如今创新创业教育课程建设面临的一个巨大挑战,这要求学校、专业教师与课程工作者必须相互协作。

3.创新创业教育课程实践平台

所谓创新创业实践操作类课程指的是将创新创业活动渗透到专业实践领域的课程。创新创业实践活动同专业实践教学的有效联结推动了创新创业型人才的深入培养。其要求围绕学生的专业知识、社会需要与问题展开,以培育与提高学生的综合实践能力为目标,强调摆脱教材、课堂与学校的束缚,将活动空间拓展至自然环境、学生的生活领域与社会活动领域,强化学生同自然、社会和生活的联系。

(1)革新教学方法,构建以课题与问题为导向的实践教学模式。为了增强大学生的实际操作能力与创新能力,高校必须对原有的课堂教学手段加以改革,运用多种教学形式,如案例式、模拟式、互动式与实训式等,让"导学"代替"教学",实现探究式教学、沟通合作式教学,在实践教学中渗透科学研究思维训练和科学研究方法训练,提升学生学习的积极性,增强学生的创造力。教师应该面向企业与社会主动负责行业课题,鼓励学生主动参与科研项目及技术开发工作。

(2)高校要积极开展各种学科专业竞赛,同时有计划地结合创新创业教育,并将竞赛的创新性、创造性与实用性凸显出来。

(3)根据专业特点创建大学生实训模拟基地,积极组织形式丰富的创新创业实践活动。凭借高校的教学实践基地,依靠大学科技园,充分发挥大学科技园的孵化器功能及其支撑和服务体系,建立专门支持高校、企业与科研院所联合创建创新研发中心、进行技术合作的产学研合作经费。

(3)高校必须根据自身的专业教育资源设置模拟创新创业项目,激发学生的参与积极性,强化学生的实践能力与科研创新能力,帮助学生策划出详细的创业方案,引导学生进行创业实践,感受创业历程,从而使学生的创新创业能力得到增强(见表3-1)。

表 3-1　创新创业教育课程设想

课程平台	类型	主要学习内容	课程期望目标	可能开设的课程
创新创业教育课程基础平台	创新创业意识类	创新思维、创意激发、商业机会判断、机会评估、职业生涯规划	面向全体学生,培养学生的创新意识、创业精神,促进学生创业心理品质的形成	创业学、创意思维概论、大学生职业生涯规划、大学生KAB创业基础等
	创新创业知识类	创新战略、市场营销、风险投资、合同与交易、电子商务、税务制度、知识产权	丰富学生的创新创业知识,为以后更进一步从事创新创业实践和研究工作打下扎实而坚固的基础	新企业创立、创业融资、风险资本、小企业管理、公共关系学、技术创新管理等
创新创业教育课程能力平台	创新创业能力类	通过专业市场调研了解专业优势与发展前景、学生的就业方向与职业发展道路,掌握职业所需的创新创业能力,典型创新创业案例分析,专业领域前沿问题的创新性研讨	优化课程体系和结构,培养学生基于专业知识的创新创业能力	专业市场调研、基于专业创新创业能力训练、典型创新创业案例分析、专业领域前沿问题的创新性研讨等
创新创业教育课程实践平台	创新创业实践操作类	制定商业计划书、项目管理、模拟创新创业实践	在专业实践环节融入创新创业活动,积累创新创业经验,提高综合实践能力	学科专业竞赛、模拟创业、商业计划书、专业创新创业项目

4.创新创业教育课程时间安排

作为高校整个教学计划的主线,创新创业教育应该渗透到人才培养的全过程。大一、大二可以安排创新创业教育基础平台课程,行动是在意识的指导下进行的,才迈进高校大门的大学生缺乏创新意识与创业精神,未对以后的职业发展进行明确的规划,此阶段应该重视培养大学生的创新意识与创业精神,让大学生自觉做出职业生涯规划,明确职业目标,对大学阶段的学习、生活与工作进行合理规划。

大学阶段后期可以安排创新创业能力课程与创新创业实践课程。其一,学生只有掌握专业知识,才能明确自身的创业方向,才能提升创新创业实践活动的针对性。其二,创新精神与创业能力提升的重要条件是具备深厚的综合人文素质,在学习了大一、大二的基础课程之后,大学三年级和四年级的学生积累了一定的社会、人文和自然科学知识,提升了人文修养与科学精神,在知识储备方面具备了一定的基础;其三,经过两年的学校生活,大学生的生理与心理成熟度有了很大提升,对自身的职业发展、人生规划更加明确,能够对更加复杂的创新创业问题进行更为深入的研究与探索。

5.创新创业课程教材

(1)创新创业课程国家通用教材

如今,我国高校的创新创业教育课程鱼龙混杂,未被纳入高校课程系统之中,统一的大纲与教学目标也还未制定出来。我国高校创新创业教育课程的通用教材可以采用部分国际上的优秀教材,如《创业学》(蒂蒙斯)、KAB创业教材等。在充分利用上述教材的同时,我们还应该以中国的客观状况为依据编写与我国国情相适应的创业学教材。我国一些专家在对创新创业教育进行深入分析的基础上编写了一些与创新创业有关的著作,如李时椿、常建坤编写的《创业教程》,其对创业的内涵、创业目标的选择、创业商机的把握、人力资源的规划、创业资本的运作等方面进行了详细阐述,并且对创业者必须拥有的创业品质进行深入分析。另外,《就业·创业·成功——大学生必读》分析了就业、创业和成功者的案例,为大学生就业的职前准备、应聘方法、实例教学、创业思路、成功素质等提供必要的指导。此类专著与教材在对世界范围内创业学课程体系发展的最新趋势给予关注的同时,同中国经济社会的客观情况相结合,成为我国高校创新创业教育课程基础教材的重要组成部分。

(2)创新创业课程地方补充教材

由于我国区域经济发展不平衡,创新创业教育课程应该在国家发布统一教材的基础上,将具备鲜明地方特色的教材纳入教材体系中,从而与当地经济发展的要求相适应,为学生未来的创新创业奠定基础。部分有能力的高校还可编写校本教材,使教材具有鲜明的特点。同时还应该构建网路课程,整合教学资源。选择与编写教材应该遵循灵活性原则,高校应该按照客观情况完善课程体系。

6.创新创业教育网络课程

"互联网＋"战略为我国传统产业的转型升级提供了强大动力,推动了产业的数字化、网络化与智能化,在"中国制造 2025"战略体系中占据核心地位。在我国持续推动经济结构转型,加快建设创新型国家的重要时期,所有高校只有坚定不渝地落实党和国家对新时代大学生创新创业教育的要求,才能做到"苟日新、日日新、又日新",为中华民族伟大复兴的中国梦的实现奠定人才基础。

随着微时代、"互联网＋"时代的蓬勃发展及信息技术的进步,人们彼此之间的距离逐步缩短,交流与生活愈加便利。多种类型的网络交流平台,如微信、微博、QQ 等丰富了大学生的生活,让大学生即使待在家中也能体会到世界的多姿多彩。高校在开设理论课程与实践课程的基础上,必须紧跟时代潮流,对网络资源进行合理利用,树立新理念,重视网络教学,提升创新创业教育课堂教学的趣味性。

网络课程涵盖的内容与理论课程有着密切联系。其一,利用微信公众号平台进行宣传与教育。其二,在线浏览成功人士的事迹,将新媒体在创新创业教育领域的优势最大限度地发挥出来,指导大学生利用互联网搜集资源,使新媒体的功能得到充分发挥。具有突出的学习自主性的大学生是创新创业教育的对象,大学生必须提升自身的创新合作意识,合理利用互联网,积极进行网络课程的学习,增强自身的创新能力。高校必须以目前的网络资源、校园网平台为基础,构建相应的教育网络系统,促进载体创新。依靠新媒体技术与现代教学方法将各种最新的创新创业案例纳入教材体系之中,聘请相关学者开展网络教学,利用多种互动形式,如线下交流、网络交流等,将学生普遍关注的话题变成可供使用的资源。对各种网络载体,如合理运用博客、微博、微信等应用平台,紧跟互联网时代的发展节奏,实现网络平台的创造性利用,使其引导功能得以充分发挥。

第三节 大学生创新创业教育评价体系

一、大学生创新创业教育评价主体与方式选择

创新创业教育的主要目标涵盖三个方面,分别为教师教育思想和理念的变革,学科结构、课程内容和功能的变革,学生学习方法的变革。评价体系框架的核心内容和评价的指标体系,决定了创新创业教育体系中的参与主体是评价机制中最为核心的和最为复杂的模块。其中,创新创业教育体系中的参与主体主要指的是师资队伍的评价、学生群体的评价、学生课程体系的评价三个部分。

(一)师资队伍的评价方式

在之前的教师评价体系中,分等派对是较为常见的评价方式之一,其主要目的在于将教师这一教育队伍分为几个不同的等级,例如优秀、合格、基本合格及不合格等,并对优秀的教师给予奖励,相应的,对不合格的教师则要给予一定的处罚。在梳理创新创业教育发展状况的过程中,可以发现评价功能并非人们所认为的那样单一,且教师作为评价对象,其也是评价活动的积极参与者,而并不是其中被动的客体。因此,在对教师进行评价的过程中,首先应当由教师自己对自己的行为加以审视和评价,从而提高评价过程中所搜集到的信息的质量,有助于其他评价主体对其作出较为正确且客观的评价。此外,教师的自我评价也有助于教师发现自身存在的问题和不足,并对其加以改正。伴随知识经济时代的到来,创新创业教育也有了进一步的发展,由此,便要求教师实现自身素质、专业技能等的与时俱进。对教师进行评价的目的也一改之前的简单鉴定、认可、判断、证明和区分,更为重要的是为教师提供与创新创业教育相关的信息咨询和工作改进的良性建议。在工作数量和质量等指标的衡量下,加之工作方法、工作态度、工作成效等指标,形成了"态度、能力、实效"三位一体的评价机制。

在评价教师的科研创新意识、能力及相关成果、教师创新创业教学能力时,应当注意评价方式的多样化,可以结合定性与定量、内部与外部、过程与结果的综合分析。伴随评价机制的规范化发展,人们开始逐渐意识到,传统的定量方法并不能充分反映一个教师真实的教学能力,因为,并不是所有的评价内容都可以数量为衡

量标准,相反,不根据具体情况就盲目选用定量方法来评价一个教师的教学能力,会在一定程度上影响评价的有效性和实用性。由此,便决定了在教师评价过程中,应当采用定量方法与定性方法相结合的评价方式,并结合座谈、问卷调查和个别访谈等方式,增强评价的全面性。对每一位教师而言,发展空间是很有必要的,通过评价结果的反馈,教师可以对自身的工作加以总结和反思,发现其中存在的问题与不足,从而实现自身能力的提升。

(二)学生群体的评价方式

对学生群体进行评价是教学过程中的一个重要环节。在评价的功能构成中,一个最为重要的功能就是发展性功能,而"一切为了学生发展"的教育理念则是这一功能的具体表现。在学生自身的发展过程中,需要的是学习目标、教师给予的引导和激励。但是,在传统的学生评价方法中,所注重的只是学生的学科知识储备,且评价形式也较为单一,忽视了学生在人文素养方面的发展与成长,学生综合能力的发展也因此受到了一定的限制。培养学生的创新创业能力,提高其创新创业素质,并促使学生创新创业能力持续发展和不断完善,是创新创业教育的意义所在。在对学生这一群体进行评价时,应当实现全面观察,促使学生全身心地投入课堂学习活动中去,并在相关理论的指导下,体验创新创业实践过程中的满足感与成功感,增强自己进行创新创业学习的兴趣和信心。

在学生群体评价过程中,在评价方式的选择上应当注意以下问题。

1.明确学生创新创业学习和实践的目标

在了解学生具体情况的前提下为其设计科学、合理的发展目标与发展方法,并进一步确定评价的具体内容与方法,反思和改进教师的教学活动和学生的学习活动,使评价的发展性功能得到最大限度的发挥。

2.注重评价过程

学生的发展从另一个角度而言其实也是其成长的过程,学生要实现自身的发展,必须要经历一定的阶段和过程。发现并整理这一过程中学生的具体表现等,同时给予深入分析,可以较为客观且全面地了解学生的具体变化。因此,可以为学生的进一步发展提供合理和有效的建议。此外,学生自身的反思和对自我的认识在这一过程中也是相当重要的,学生要在自评、互评和他评的过程中不断发扬长处,纠正不足,实现自身发展、进步和提高的目标。

3.关注学生个体差异

对于不同的学生而言,其成长环境的不同决定了每一个人在素质、爱好及优势和不足等方面的差异。这里所说的学生的个体差异主要指的是学生在生理、心理、兴趣爱好及成绩等方面表现出的不同,这些不同使得学生以后的发展速度和方向也各不相同。因此,教师应当根据学生的个体差异为其制定不同的学习计划,激发学生的学习动力与学习兴趣,实现学生自身的良好发展。

4.在评价过程中,应实现考核方式的多样化,鼓励教师改革考试制度

不同于传统教学的考试测验,创新创业教育的考核方式应当与时俱进,实现多样化。可以结合创新创业教育自身的特点与内容等,在不违反教学大纲要求的基础上,实现闭卷与开卷、半开卷,集中考试与阶段考核等多种考核方式的相结合。通过评价过程,鼓励学生思考、尝试、创新和实践。

(三)课程体系的评价方式

总体而言,课程体系的评价方式主要涵盖两个方面,即教师的"教"和学生的"学",而后者是评价的重点所在。课程体系评价的具体方式如下。

1.针对教学任务的评价

在判断一个课堂是否达到了预想的效果时,应当看其是否指导学生进行了有效学习。而这正是对一个教师教学能力的重大考验。在教学过程中,教师应当让学生明确了解本堂课要学习什么,在课堂教学结束之后,自己应当达到一个什么样的程度才算完成了学习任务。

2.针对教学过程的评价

针对教学过程的评价主要包括对教师主导作用的评价和对学生主体的表现情况的评价。此外,在评价过程中还要注意教师课堂授课内容的组织设计和表达、学生对所学内容的参与活动和消化等方面。学生在教学过程中是否养成了良好的学习习惯,教师引导与学生活动的时间比例、学生自主学习的体现等也应当成为评价内容之一。在评价过程中,要针对师生双边互动情况,给予适当的评价和合理的分类。

3.针对课堂教学的安排情况

在课堂教学过程中,应当避免出现教师为完成教学任务不顾学生主动性发挥的情况出现,教师应当在完成自己授课的前提下,给予学生充分的时间进行讨论与思考。同时,教师还应结合不同学生的年龄等因素,让学生有一定的放松时间,而不是在疲劳的状态下仍坚持学习。所以,在评价时应依据具体情况加以分析,不可盲目。

4.针对引导学生提出问题及解决问题的情况

伴随课程改革的进一步发展,对教师教学能力的要求也更为严格。作为一名合格的教师,其不仅要具备丰富的知识,还要掌握一定的课堂教学技能,学会在课堂教学过程中适当地为学生设置问题,并引导学生自己找出解决问题的方法。简而言之,即教师要教会学生解决问题的方法,而不是直接将答案告诉学生。由此,便需要教师在课堂教学时注意学生所提问题的"含金量",检验学生是否掌握了解决问题的方法。

5.针对教学效果的评价

所谓的教学效果,主要指的是学生将课本上的知识与教师所传授的知识和课堂教学过程中师生互动时产生的知识相结合的程度。此外,学生对课堂的认可度也可以从一个侧面表明课堂效果的优劣。教师应当鼓励学生大胆评价自己的课堂教学过程,指出学生自己认为的不足和问题,实现师生民主、平等的交流。评课时除了要对常规的知识掌握程度、能力培养程度、优秀学生的比例等做出评价外,还应多接触学生,从学生中间得到公正的评价。

二、大学生创新创业教育评价指标体系设计

在设计大学生创业创业教育评价指标体系之前,首先应当有一个较为完备的评价指标。通过对一个学生创新创业教育的评价,可以从侧面反映该校的教学质量与水平,在一定程度上昭示着该校的发展前景,同时也可以深入了解该校的创新创业教育状况,从而采取有针对性地措施提高其创新创业教育的工作水平与办学档次。其次,要实现评价方式的不断创新。在评价过程中,评价方式的选择直接影响评价结果的准确性和真实性。因此,要想确保评价结构的正确性与真实性,应当

不断更新评价方式。最后,要强化对评价过程的监督与管理。不要造成评价主体和评价标准的混乱,有效满足因评价主体多层次、多样化所产生的个性化目标需求。

根据创新创业教育的特点与实际,建立创新创业教育的督导与评价指标体系,体系分为8个一级指标,19个二级指标。具体情况如表3-2所示。

表 3-2　创业教育管理质量评价指标体系

一级指标	二级指标	三级指标
目标	政府评价	政府对开展创业教育的评价
	社会评价	社会对学校及学生创业教育的评价
	毕业生评价	毕业生对学校开展创业教育的评价
课程	核心课程体系	核心课程开设率
		跨学科课程的开设率
		创业知识在现有课程中的渗透程度
		模拟创业公司、实习、市场调研等实践课程的学时数
		模拟创业公司、实习、市场调研等实践课程的学生参加率
	教学方法	企业家访问演讲数
		以商业计划、调研报告作为成绩的课程比例
		参加社会调查的学生比例
师资	教师背景	有创业经历的教师比例
		有培训经历(创业专业培训、相关企业管理培训)的教师比例
		一般学历教育人数比例
		职称人数比例
	教师科研能力	论文被引用次数
		被引用次数最多的文章所占的比例
		成果转化所创造的经济效益
		被相关政府采纳的次数(国家、省、市、县)

一级指标	二级指标	三级指标
学生	学生背景	有工作经验的学生所占比例
		家庭经营企业的学生所占比例
		有工作经验的学生所占比例
	学生个性	创业课程的出勤率
		创业课程的参与率
		把创业作为职业选择的学生比例
		学生创新成果的增加率
		学生参加科研活动的增加率
环境	创业教育软环境	创业社团数量
		专题研讨会举办数量
		创业比赛的开展数
		学校内对创业、创新的态度
		学校与企业合作的项目数
		校园内研究机构数
	创业教育硬环境	创业中心或类似推动创业教育的机构
		获得创业活动经费的学生覆盖率
		创业园中学生创业比率
		孵化器及配套服务对学生的开放比率
		创业实习基地接待学生的数量
		创新成果转化率
管理	专职机构	专职创业教育管理机构的设立
	制度激励	选课制度，学校允许学生跨院系选择创业课程
		教师激励，为调动授课教师积极性，学校采取相应的激励措施

续表

一级指标	二级指标	三级指标
管理	质量监督	教学反馈,教师本人定期对课后教学反馈进行总结
		跟踪服务,为接受创业教育的学生建立个人档案,便于跟踪服务
		创业素质跟踪,学校定期向企业老板讨教创业素质要求方面的变化
	资金保障	创业教育资金投入数量
延展活动	实习实践	校内实习实践基地数量
		校外实习实践基地数量
		校内学生创业实体个数
	创业实体扶持	社会孵化器个数
		校内孵化器个数
		创业基金规模
		创业校友支持案例
	创业后续服务	创业政策信息发布量
		创业辅导咨询机构数量
效果	效果	教育教学方法、方式、载体、环节

三、大学生创新创业教育评价的发展趋势

(一)评价的取向由经济效应转向个人效能

社会经济的进步与发展对创新创业教育而言是较为重要的影响因素之一,由此,也决定了经济效应是创新创业教育评价初期的着眼点,例如,在没有参加课程的群体中选取部分参考对象,然后在参加课程的群体中选取部分参考对象,将这两类参考对象加以对比,得出创新创业教育所产生的经济效应。2004 年,创新创业教育效果的时滞性逐渐被相关学者和研究者所意识到,他们认为,创办的企业数量和创造的就业岗位数量等作为创业教育在宏观经济层面上的评价标准缺乏一定的

科学性，与经济效应相比而言，个人效能应当成为评价的侧重点，由此，创新创业教育开始回归教育本身，这是一大进步。自此之后，创业教育对个人效能的影响与途径便成为众多研究者和评价者的关注重点，在此影响之下，自我效能评价方法、认知方法和行为方法成为近年来创业教育评价的主流。

（二）评价的模式由结果评价转向过程评价

针对创业教育的评价模式而言，不同地区是存在一定差异的，例如国内和国外的评价模式就有很大不同。与国外相比，国内对创业教育评价模式的研究稍显落后，且存在一定的问题。例如，在研究创业教育时，部分研究者会故意绕开对评价模式的研究，而单纯分析创业评价体系的构建与完善，更有甚者，将评价体系的构建与指标体系的构建等同起来，从而导致研究存在一定程度的片面性，且针对创业教育模式的研究较少。之所以会出现以上问题，主要是受国内教育评价研究的范式所影响，"指标量化评语描述"的评价模式使得教育评价的其他模式被忽视。

与国内相比，创业教育的评价模式在国外已经发展到了第四个阶段，且在发展过程中，人们所注重的是在保持整体前进的基础上，实现自身的个性化发展，而并不是简单的替换更迭。目前，国外较为常用的评价模式主要有这样几种，即"行为目标模式""CIPP模式""目标游离模式""消费者导向模式""应答模式""反对者模式""响应式建构模式"等。以上模式均已经构建了自身较为完善的理论体系，且在社会实践中被大量运用。就创业教育评价的模式而言，将其与教育评价的模式相结合，可以实现评价方法的科学性、客观性与全面性。但是，应当注意的是，在选择评价模式时，应当注意其与评价目标的结合。从创业教育评价近几年的发展来看，评比性、绩效性和批判性是在选择评价模式时为大多数人所回避的，反之，诊断性、扶持性和协商性是其发展趋势。由此，在研究创业教育评价模式时，应当合理借鉴国外创业教育评价模式的发展经验，以促进我国创业教育的进一步发展。

（三）评价的方法由单一为主转向多元融合

评价模式的不同决定了评价方法的不同，在创业教育评价发展的初级阶段，较为常用的评价方法是层次分析法，并辅之以同行评议法、专家法、问卷调查法或德尔菲法等。伴随创业教育的发展，其模式的多元化使得评价方法也呈现出多元化的发展趋势，加之计算机信息技术的飞速发展，创业教育评价过程中出现了新的元素——大数据。由此，创业教育的评价方法也逐渐打破了原有的领域限制，逐步走向多元化。就目前的创业教育评价方法而言，居于前列的主要有心理学的能力评价量表、工程学的 QFD(质量功能展开)、行为学的计划行为理论,以及统计学、人口学的一些方法等。创业教育评价的研究者和实施者也开始选用不同的方法开展评价活动,并寻求不同方法之间的相互融合。具体表现为创业教育评价不同阶段、不同评价方法之间的彼此连接或相互验证。在不同评价方法的综合作用下,创新创业教育评价的理论体系得以进一步丰富,其实践活动的展开也更为顺利,创新创业教育由此得到进一步深化。

第四节　大学生创新创业教育社会支持体系

一、政府对大学生创新创业教育的牵动

(一)政府主导大学生创新创业

国家政策制定的主体是政府;政府的政策与资金支持是大学生创新创业教育发展的基础,政府部门出台的各种相关保障措施,如政策扶持、创业服务、经费支持等,对大学生创新创业教育具有重要意义。

(1)政府充分发挥主导大学生创新创业教育的功能,明确大学生创新创业教育应该遵循的基本理念;出台系统的优惠政策,涉及财政、税收、金融、工商和知识产权等,给大学生创新创业教育营造良好的外部环境,提升大学生创新创业积极性。调查结果显示,"创新创业"在政府工作报告中被频繁提及,由此可见,中央政府对创新创业极为关注与重视。《国务院办公厅关于发展众创空间推进大众创新创业的指导意见》(以下简称《意见》)提出了诸多措施,如对大学生创新创业活动进行支持与引导、下调创新创业准入标准,促进众创空间的建设、扶持创新创业公共服务项目、强化财政资金引导、改进创业投融资机制、改善创新创业文化氛围及构建多元化的创新创业活动。《意见》为大学生创新创业教育奠定了理论基础,明确了其未来的发展方向。

(2)法律政策制度的贯彻执行占据核心地位,政府单位构建相应的公共组织机构对高校创新创业教育进行协调,主动安排有关单位开展创新创业义务咨询与培训,完善创新创业政策体系与服务体系,在理论与实践两方面对大学生创业者进行指导。政府单位应积极开展同新闻媒体的合作交流,构建专业服务网络平台,开设

专栏,对大学生创新创业服务进行专题报道,开展创业政策解读、创业信息发布、创业项目推荐、创业典型宣传、技术指导和跟踪扶持等"一条龙"服务,推动大学生创新创业发展。

(3)下大力气创建创业基金,使其服务于创新创业教育;颁布各种优惠激励政策,如创业贷款、创业成绩奖励等,从而拓宽创业贷款的覆盖面,在经费方面给予创新创业教育更大的支持。比如四川省在省级层面对大学生创业给予资金补贴,2015年上半年发放了1128万元的补贴来支持创业项目(实体),在资金方面有力地保障了大学生创新创业的发展。

(4)以国家自主创新示范区、科技企业孵化器、高校的大学科技园与科研院及研究所以及企业创新创业基地等为基础,建设许多具有可操作性的、立体的、低成本的众创空间,建设一批既可以满足大学生创新创业需要,专业化服务水平十分出色的新型创业服务平台。

(二)强化支撑,完善不同创新创业阶段的政策诉求

大学生属于草根创业阶层,相对于社会精英,缺少足够的创业基金。大学生创新创业过程中遇到的首要难题就是创业资金缺乏。

意识期、出生期或启动前期、启动期、启动后早期、维持和扩张期构成了一个完整的创业生命周期。伦德斯特姆与史蒂文森是最早对创业政策给予关注与分析的学者,他们指出:"创业政策是为激励一国或地区经济主体的创业精神并提高其创业活动水平而采取的政策措施,它针对创业过程的前期、中期和后期各个阶段,着眼于创业者的创业动机、机会和技能,并鼓励更多的人创建自己的企业作为首要目标。"因此,各个时期大学生创新创业所要求的政策支持具有差异性。

意识期:在大学期间,大学生接触了许多与创新创业有关的知识,形成了创新创业意识,从而进行创业。相关调查数据显示,创新创业意识萌发得越早,创业者就越能把握住机会,创新创业取得成就的可能性就越高;创新创业意识萌发得晚,创业者仅是将创新创业作为生存手段。因此,大学生创新创业在意识阶段需要以下政策的支持:激发创新创业意识,规定早期的创新创业教育,采取各种措施增加创新创业机会,如扩大开发、维持良好的市场秩序;营造宽松的市场竞争环境,如降低行业准入门槛等,构建创新创业培训基地以增强创业者的创新创业能力,打破行业壁垒。

诞生期:重点研究创业期间所面临的机遇、挑战及创业成本等,整合多种资源,为创办企业做好准备。这个时期依靠的是大学生突出的创新创业动机及其对市场

的精准判断。行政资金、税收优惠、教师指导、环境规划、相关培训等构成了这一时期的政策要求。

启动期:启动经费的筹集是这一阶段大学生创新创业遇到的最大挑战。政府应该制定相关政策为大学生创新创业经费的筹集创造条件,如拓展融资渠道、规范非正式融资渠道、设立政府基金、引导风投特别是天使基金支持大学生创新创业,实现一站式服务与上门指导,构建创新创业孵化平台。

启动初期:此时期的基本任务是实现企业的可持续健康发展,同时,把握时机,积极进行新产品的研发,努力开拓市场。商务网络的组建,新项目的开发,政府采购、贷款与税收的支持,产品推广、管理指导构成了这一时期的政策需求。

维持和拓展期:制定计划、提升市场占有率、健全产品线、推动公司上市、实现新一轮融资是这一阶段创业者的主要工作内容。产权交易、市场规范、创业板、柜台交易等是这一时期的政策需求。

(三)狠抓落实,改进创新创业政策监督机制

政府应该设立监督机制,规范创新创业教育政策体系,目的是协调大学生创新创业政策,推动大学生创新创业政策的贯彻落实,应该从主体、内容、程序与手段方面进行整体协调,使创新创业政策落到实处。

1.强化监督主体内部机构的监督职能

创新创业政策监督主体非常广泛,包括负责制定创新创业政策的领导者、各级地方政府及工作人员。而专门负责制定创新创业政策的领导者担负着主要职责,其必须强化监督领导力,增强责任意识,对监督过程进行细化、推动创新创业政策切实在大学生创新创业的全过程中得到贯彻。

2.加强社会舆论监督

大学生是创新创业政策执行的客体,其对创新创业政策执行的阶段与执行的结果最有发言权,感触最深。政府必须积极推动政务公开,实现行政制度的透明化,引导大学生和全社会参与社会监督网络构建,强化民主监督,促进信息共享,打破行政壁垒,健全政府信息网络互动平台,构建信息反馈机制,使群众的建议能够迅速得到回应。

3.设计合理、科学的监督内容、程序和手段

设计监督测评指标体系是创新创业政策监督机制的重要组成部分,其目的为实现创新创业政策监督的量化。要求按照政策实施的阶段与主体的不同,对监督测评指标进行定性评价与定量评价,制定切实可行的实施策略,采用具体、客观的实施手段,确保评价结果的科学性与可视性。作为一项实践活动,大学生创新创业涉及诸多领域,所有政策实施主体之间建立了密不可分的联系,因此,在设计政策执行监督测评指标的过程中,不但要将在本领域中形成不同政策实施效果的评价体现出来,而且应该将延伸到周边领域的内容指标纳入考量范围,如此,才能形成科学、全面的评价。

4.加大对政策执行主体错误行为的惩罚力度

为了消除实施主体滥用权力,不考虑大学生利益的现象,落实权责对应的要求,应该建立健全责任追究制度,严厉惩处消极敷衍,甚至应付等错误行为。采取奖励与惩罚并举的手段,建立积极主动的环境机制,提高有关政策落实的效率与公平性。基于此,能够得出以下结论,构建创新创业政策监督机制,不但能够制约实施主体的权力,而且从一定程度上说,能够促进创新创业政策的全面贯彻与落实。

(四)破除障碍,推动创新创业制度松绑

创业者是经济社会中充满生机的主体,是市场经济健康蓬勃发展的基本动力,创业者开设的诸多新型企业为我国整体经济注入了新鲜血液。党中央在近年来颁布了许多支持大学生创新创业的政策,这些政策激励一大批大学生积极进行创新创业。虽然我国各类市场主体在审批、商事制度日益健全的大背景下呈现快速增长的势头,尤其是大学生的创新创业,给市场增添了活力,但是,大学生创新创业的实施依然面临"最后一公里"的挑战。因此,应该不断松绑有关制度,积极推进简政放权,提升服务改革的累积效应,实现政务服务事项的一条龙服务,即"一号申请、一窗受理、一网通办"。政府应该降低干预企业创新创业活动的力度,广泛施行协同监管,增强政府服务效率与质量,做到"让信息多跑路,让企业少跑腿",推动政府管理制度的完善。

二、全社会对大学生创新创业教育的支持

大学生创新创业具有社会性,这决定了它想构成一个完整的体系就要同社会

各方展开联动与合作,从而推动创新创业教育的发展。实现创新创业教育的一条重要渠道就是依托社会力量,创新创业教育与社会有着紧密的联系,社会的参与及推动是创新创业教育发展的必要条件。

(一)改善社会创新创业思想文化

完善社会创新创业教育环境不但应该以社会思想文化土壤的改善为出发点,而且应该强化舆论导向,通过诸多舆论形式,创造出优良的创新创业气氛。

1.改良社会创新创业思想文化土壤

一个民族的思想文化土壤包括两方面内容,即民族精神面貌与文化内涵。不论从主客体还是从传播方式而言,均受到社会规定的制约,思想转化成行为的过程与其所根植的文化土壤拥有一致性,一个民族的创新创业发展程度取决于这个民族的社会思想文化土壤是否包括促进大学生创新创业的因素。

社会思想文化土壤是社会意识的重要组成部分,作为一种精神力量,其具有隐藏性与潜移默化的特征。其存在于主体之中,属于主体的精神因素;其物化于客体,对客体的风格与文化内涵具有支撑作用;然而其重点体现于中介传播领域,思想文化土壤的传播对大学生主体能否"内化于心,外化于行"发挥着重要作用。大学生在创新创业过程中承受着来自多方面的压力,如怎样组建优秀的团队,如何筹集足够的经费,如何找到创业项目等,除此之外,舆论压力也是其面临的巨大挑战。大学生创新创业教育的发展,不但需要加大资金投入,强化学校教育,而且需要重视人文关怀,塑造支持创新、鼓励创业的文化氛围,建立宽容、自由的社会环境,加深人们对创新创业的认知,使人们明白大学生创新创业的艰辛,懂得它为经济与社会进步所做出的贡献。与一般的经商相同,创新创业也会面临成功与失败,失败是成功之母,人们不能将目光聚焦于失败的事情上,不应该只以事业的成功或失败来判断一个人,相对于结果,过程显然更重要,大学生即使未能创业成功,也会获得一定的历练和宝贵经验。

2.加强社会舆论导向

所谓舆论,是指针对社会生活中出现的现象,社会群体所提出的看法与评价的结合体,舆论在引导、控制、完善社会的过程中发挥着重要作用。在创立《新莱茵报评论》时,马克思与恩格斯强调创刊的目的是"经常而深刻地影响舆论",同时,他们认为,产生舆论,帮助民众明确一致意见的方向是报刊的基本任务;毛泽东强调,形成舆论是建立政权、解决所有制问题、推动生产力发展的重要条件。舆论引导是推动创新创业理念更新、促进创新创业教育进步的基本路径。

媒体应该积极推动良好社会舆论环境的构建,利用多种形式,如指引方向、对典型人物创业经历的宣传等,支持创新,鼓励创业,提高公众对大学生创新创业的接受程度,使公众明白大学生创新创业的前景十分广阔,可以提升全社会的生活水平。应该采取各种措施为大学生创新创业提供咨询与指导,例如,开设大学生创新创业微信公众号,使大学生能够及时快速地把握最新资讯,《创业家》《文汇报》等杂志报纸积极营造创业文化氛围,《致富经》《创业英雄汇》等电视节目对各种大学生创新创业典型案例进行广泛宣传,广播媒体开辟新栏目对大学生创新创业进行探讨。

(二)加强企业创新创业扶持力度

静止与孤立是不可取的,实践是认识产生的基础,社会资源提供的实践场所是创新创业教育发展的基础。

1.建立"暑期实习生"模式

企业可以主动和学校展开合作,强化同学校的关系,构建"暑期实习生"模式,推动校企合作。企业按照专业对应的原则在一定的职位上安排实习生岗位,实行校企合作,邀请大学生在寒暑假期间到企业参与实践工作,时间持续1—2个月,使学生接触现实的企业文化,对企业的经营、管理与实践加以深入了解,让学生接受真正的实践检验,同时也提升了企业的生机与活力,推动了学生与企业的共同发展。发挥了企业创新创业试验田的功能,树立了全面开放的思想,成为大学生市场主体走出去的重要据点。在社会企业的大力支持下,大学生创新创业取得了长足进步,大学生的创新活力与创业创造力得到了显著提升。比如,上海交通大学在上海周边多地同许多厂矿企业合作创建了创新创业实践基地,形成了早期的产学合作机制,2010年,该校采用同国家创新基地张江集团建立接力人才培养和成果孵化合作模式,同诸多大公司如宝钢、联合利华等合作创建校外实习基地,积极争取投资、政策支持等方式,探索了新的产学合作教育模式和运作机制。

2.提高社会融资

大学生创新创业缺乏资金支持,因而筹集经费成为大学生创新创业面临的一个重大挑战。《中国青年创业现状报告》显示,认为创新创业面临的重大难题是经费不足的大学生创业者占总人数的 64.2%。父母、亲戚、借贷或者个人储蓄是资金的主要来源,然而家庭的力量相对来说是微小的,即使政府制定了诸多支持政策,如资金扶持、税收减免等,所占比例也非常低,发挥的作用也不大。一方面,大学生不具备充足的经济知识,没有寻求社会资金支持的主动意识,造成社会资金和创新创业项目的对接存在诸多障碍;另一方面,大学生创新创业项目受到包括手续、成本、条件等在内的诸多因素的限制,很难获得社会融资的青睐。因此,社会要与大学生创新创业进行主动对接,积极提供资金支持,为大学生创新创业提供便利。

3.打造专业化社会服务机构

统计显示,截至 2018 年,中国科技企业孵化器数量呈现显著上升态势,总数接近 5000 家,众创空间数量超过 6900 家。我国大学生创新创业项目的数量逐渐增多,这要求有关孵化机构的数量必须快速提升,结果就是孵化机构的集中化、同质化现象愈加明显,不能将专业、细化、优秀的差异化服务提供给层级、专业不同的大学生。必须积极创建专业化的社会服务机构。首先,专业化社会服务机构涵盖企业为大学生创新创业提供的诸多专项服务,如行政、企业家、实验设备、财务咨询等孵化器;其次,专业化社会服务机构对大学生创新创业者所撰写的创新创业计划书、市场调查、市场推广及各种工作方法等给予专业指导。企业必须按照大学生创新创业的时期、专业、年级创建专业化社会服务机构,彼此联系,提供差异性服务,如此,能够有针对性地推动大学生创新创业项目的发展。

(三)依托群团的组织推动大学生创新创业

大学生创新意识的培育与创业热情的激发离不开团市委的大力支持,在大学生创新创业教育中,团市委发挥着重要作用。

(1)团市委利用组织创业大赛的形式使大学生获得展示自己、相互学习的机会,积极推动创新创业资本、项目和市场同大学生建立紧密的联系。

(2)团市委为大学生创新创业提供经费支持。团市委应该设立大学生创新创业相关基金,确保大学生创业项目"资金链"的完整,帮助大学生解决经费方面的困难,让大学生在创新创业的过程中没有后顾之忧,提升大学生创新创业积极性。

(3)团市委极为重视大学生创新创业项目孵化平台的创设。以吉林省为例,其创建了许多大学生创业园,现在数量达到 92 家,其中 42 家大学生创业园属于省级重点建设项目,其余的 50 家分别属于市(州)、县(市区)两级的重点建设项目,这些大学生创业园孵化了 1586 家大学生创业企业,并提供了 21944 个工作岗位。

(四)整合地域资源支持大学生创业

各种行业协会具有广泛的影响力,其能够规范行业秩序,整合行业优势资源。行业协会可以为大学生创新创业提供指导,使大学生及时把握行业动态,推动大学生创新创业项目的可持续发展;甚至还可以为大学生提供独特的创业项目。比如,杭州服装行业协会积极为广大企业服务,努力规范市场秩序,整合优势资源;推动服装行业企业的进步;并在行业发展规划制定方面做出突出贡献。这为大学生创新创业创造了良好的环境,降低了大学生创新创业的准入门槛,为大学生初创企业的有续发展提供有力保障。

(五)推进创新型文化发展

创新是文化的灵魂。创新文化的弘扬与培育是创新发展的前提,而文化创新是创新文化产生的根基,两者相辅相成。创新发展需要所有民众的共同参与和推动。全民创新热情与活力的激发为创新文化的发展奠定了坚实基础,提供了重要保障。全社会应该践行社会主义核心价值观,塑造全民支持创新、全民渴望创新、全民均能创新的文化环境。

另外,应该向全体学生推广创业教育,提升其创新活力,进而产生真正意义上的创新文化。政府应该完善教学管理体制,扩大创新创业的覆盖范围,提升教学管理制度的个性化水平,鼓励高校同其他学校、政府和社会建立更加紧密的联系,推动各个学科的合作,实现各种知识的整合,进而促进创新培养新机制的构建。强化创新创业文化建设,弘扬创新创业思想,提升指导力度,在全社会营造崇尚、支持创新创业的氛围。

创新是创业的根本属性,我们应该积极推动与我国未来发展有密切联系的重大工程的创新,深化体制改革,促进传统产业升级,提升我国整体的技术水平,革新生产方式与方法,鼓励以创新为核心的高新技术产业的发展,积极调动各方面的有利因素,使社会主体的创新能力得到提升。

必须推动创新文化建设,支持创新,构建良好的创新环境。利用技术创新与其他支持形式,对创新监督机制施加影响,形成创新文化体系。在国家实施创新驱动发展战略的大背景下,弘扬创新文化,鼓励人们探索创新创业新思想与新模式。同时,还应该重视创新精神的培养,使创新思维符合市场与社会资本的要求,政府应该积极发挥自身功能,既不能管得宽,随便管,又不能袖手旁观,必须创建良好的大众创业、万众创新的环境,寻找新的经济增长点,提高经济发展质量,推动国民经济的转型升级。

三、家庭支持大学生创新创业教育

尽管提起教育时,大部分人就会想到学校,认为学校是教育的主要场所,但是在传统社会,父母承担着主要的教育责任,即使在社会持续进步的大环境中,家庭承担的教育责任日益降低,但这并不意味着家长能够彻底摆脱教育责任,相反,家庭在大学生创新创业教育中发挥着重要作用。

(一)家庭应明确创新创业教育责任

相关调查数据显示,在创新创业意识培养的过程中,学校的创新创业教育并未起到突出作用,有的研究显示,能否独立创业或能否成功创业与创业者的学历没有必然的联系,学校与家庭都应该承担教育责任,所有家庭都不能逃避与推卸教育子女的义务。大学生位于创新创业的重要阶段,家长更要对家庭教育给予足够的关注,深入了解家庭教育的作用,承担起必要的家庭教育责任。尽管各种创新创业培训机构屡见不鲜,但是,培训机构仅是对家长教育能力不足的必要补充,仅承担了部分家庭教育的功能,这并不意味着家庭能够推脱创新创业教育责任,家长的教育无法被培训机构所代替。

家庭拥有特殊的地位,学校与社会都不能取代它,学校通过"传道授业解惑"实施知识体系的教学,所有学生学习的是同样的知识,通常学习的任务是模仿与记忆,在学习的过程中重视共性的塑造,而缺乏个性。家长应该在学生学习的间隙,重视大学生品质的培养,同时积极发挥特殊身份的作用,言传身教,将教育与日常生活相结合,使大学生在耳濡目染中提升品质教养。

(二)家庭应提高创新创业教育能力

家长是家庭创新创业教育的主体,其自身素质与家庭创新创业教育的效果有着密切联系。随着我国经济进入新常态,"大众创业、万众创新"蓬勃发展,创新与创业已经在整个知识经济体系中占据重要地位,政府、学校、社会均极为重视创新创业教育的发展。家长是家庭创新创业教育的主体,不能落后于时代,而应该走出家门,利用多种形式提升自身创新创业的知识水平。

其一,家长要利用各种方法增强自身的创新创业素质与创新创业能力,依靠包括微博、微信公众号、广播、电视、电台等在内的多种渠道进行自我教育,提升自身的知识水平。

　　其二,加强同学校的联系,家长应该抽出时间参观访问高校创建的大学生创新创业科技园,了解大学生的科研成果,如此,家长不但了解了儿女在学校中的具体情况,而且也利用学校这个知识平台把握了时代潮流,使自身的创新创业知识得到极大拓展。

　　其三,学习型家庭的构建在家庭创新创业教育中也发挥着重要作用。当今社会是一个知识迅猛发展的学习型社会,知识更新的速度日益加快,人们处于知识爆炸的时代,目前,知识的年更新率为10%。倘若不想被时代抛弃,社会中的所有人均应认真学习,坚持"活到老,学到老"的思想,持续增加自身的知识储备,更新知识结构,与科技同步发展。尤其是创新创业教育这样的新问题屡见不鲜,家长对这些知识缺乏了解。但是,要求所有家庭成员都去学习创新创业知识不仅乏味,而且根本无法实现。问题产生才去解决是不可取的,具备解决新问题的能力才是最优路径。创建学习型家庭,建设良好的环境,提升家庭成员学习积极性,鼓励全员学习,生活化学习,家长与子女共同分析学习心得、共同提高,不仅可以构建和谐的家庭氛围,强化家长同子女的关系,还能使家庭成员在彼此学习的过程中掌握更多的创新创业知识。

第四章　推动大学生创业实践的教育策略探讨

经济新常态的目标是实现经济发展由资源驱动转变为创新驱动,创新创业可以通过提高学生的创新创业能力进而实现与地方经济发展的有效对接,推动经济发展。但是,由于种种原因,如缺乏科学的办学理念、缺少创新创业的教学资源、课程设置不合理、实践环节十分薄弱等,抑制了创新创业教育的发展。本章对推动大学生创业实践的教育策略加以探讨。

第一节　激发大学生创新创业精神

一、大学生的创业精神的内涵

(一)大学生创业精神的含义

创新精神最早出现于西方经济学界,英文写作 Entrepreneurship,Entrepreneur 本义为企业家、创业者,本义为受命从事某一特定商业计划的个体。不同的学者从不同角度提出了自己的看法。1983 年美国学者米利特提出,个人和企业都可以成为具有创业精神的主体,奠定了创业精神在经济学领域的基础。在彼得·F. 德鲁克的认知当中,创业精神就是一个创新过程,其存在创造财富的可能性,这一认知推动了该理念的发展。综上可以看出,国外研究创业精神的过程,在初始阶段对个人(特别是创业者)特质予以重点关注,认为新组织的创造与之有着紧密联系,对个性特征创造新的价值进行了突出强调。到了后期,大多数学者从多个不同的维度理解和阐释创业精神,指出它不仅是一种个性特征,也是一种行为特征,创业精神对个体和组织的发展来说都是必不可少的。

国内学者大多从国家角度对创业精神进行解读。其中,《马克思主义哲学大辞典》《伦理学大辞典》都谈及了创新精神,它们立足于国家层面展开论述,所谓的创业精神就是一种精神动力,在中国特色社会主义建设的过程中,能够对广大干部、人民群众起到一定的凝聚与激励作用,实现万众一心、勇于进取、不畏艰险,有助于取得改革开放与现代化建设的伟大胜利。由此可以看出,创业精神在我国的先进文化中占据着重要地位,有力地推动着社会主义现代化建设和中华民族伟大复兴"中国梦"的实现。李肖明认为创业精神是创业者的个人特质,并立足于思想意识、心理学及行为学三重视角对其内涵进行阐释,认为其既是一种思想观念、心理特质,又是一种行为模式。创业精神主要囊括了自信执着、主动坚强、包容柔韧、激情创新、稳健应变等五个方面。在骆守俭看来,所谓的创业精神,指的就是在创业中取得成功的人所具备的一种与众不同的精神力量,换言之就是基于创新精神的指导,实现创新观念向具体实践转化的思维操作意识。在伍秋林等人的认知里,创业精神就是创业者具备的一种人格特质,创业以此为动力源泉、精神支柱,以此为前提创业才能成功。[①]

创业精神的研究是一个多学科交叉的过程,主要涉及经济学、教育学、心理学、社会学等不同学科,学者需基于自己的学科对其进行不同的解读。本书认为创业精神是一种精神力量,基于此能够对人们进行指导,使其立足于现有条件充分发挥自身的主观能动性,能够把握机遇,创造社会价值。在就业与创业实践当中,创业精神就是时代精神的具体体现,借助创业者的优良品质和社会组织的精神风貌展现出来,这对于人们以创新思维开创新的事业具有极大的激励和推动作用。在大学生创新创业活动中,大学生创业精神主要体现为以下四个方面:第一,敢为人先、善于动脑的创新精神;第二,勤于实践、自力更生的实干精神;第三,力求完美、探索不息的学习精神;第四,坚韧不拔、知难而进的坚定信念。

在大学生创业教育和思想政治教育中,其非常重要的一部分内容就是培育创业精神,同时这也为高等教育改革提供了新的思路和契机。培育大学生创业精神要求高校肩负起引导大学生树立正确就业创业观念的重任,培养大学生开创事业的自主性,激发其创业精神,培养其创业品质,使其创业能力在理论学习与实践中不断提升,最终创造新的价值。需要注意的是,在培养大学生创业精神的过程中,除了理论知识的传授之外,社会实践的锻炼也是必不可少的。在高校教学与管理

---

① 谢玉婷,张涛. 当代大学生创业精神培育研究[M]. 成都:电子科技大学出版社,2017.

过程中,该理念应得到全方位的彰显,有助于学生自信心的建立,提升自身的责任意识,进一步坚定理想信念,把创造性思维充分发挥出来,抓住新机遇,迎接新挑战,积极提高自身进行创业所需要的综合能力。

（二）大学生创业精神的内容

早在 1993 年,我国领导人在中共第八届全国人民代表大会第一次会议就基于国家建设层面用 64 个字对创业精神予以了概括,即"解放思想,实事求是;积极探索,勇于创新;艰苦奋斗,知难而进;学习外国,自强不息;谦虚谨慎,不骄不躁;同心同德,顾全大局;勤俭节约,清正廉洁;励精图治,无私奉献"。"专注、责任、执行力强、自信"这四个词,是在《2015 年 30 岁以下创业白皮书》中企业家们描述"85 后创业者"使用频率最高的词汇。而"标新立异、灵活多变、聪明、自信"则是对"90 后创业者"进行描述使用频率最高的词汇。无论是"85 后创业者"还是"90 后创业者",他们都用实践经历对创业精神的内容进行了诠释。这些都对塑造大学生创业精神起到了极大的促进作用。

（三）创新创业精神的特征

1.先进性

先进性就是超越性。较之于"模仿型企业""复制型企业","创新型企业"的创业精神与之存在一定的差异性。所谓"模仿企业"指的是借鉴他人创业成功的经验,对其创业模式予以模仿和学习,进而自己进行创业。所谓的"复制型企业"就是指基于对现有经营模式的借鉴,进行简单复制的一种创业模式。在新创立的企业中,这两者占据较大的比例,但是由于缺乏创新性,没有将创新创业精神体现出来,虽说也具有风险,但并不存在对新价值的创造。而"创业型企业"顾名思义,更倾向于创新,充分体现了创新创业精神,实现了新价值的创造。具体而言,无论是在制度上、管理上,还是技术上、产品上、功能上,无处不闪耀着创新的光芒。

目前,在创新创业的过程中,需要注意以下几方面:第一,要适应社会主义市场经济。竞争是市场经济的基本特征,故要厘清竞争规则,抓住竞争机遇,实施创新创业。第二,要适应知识经济的发展。将知识转化为财富,依托知识实施创新创业活动。第三,与社会主义现代化相适应,在构建创新型国家的浪潮中实施创新创业。"人有我优"的超越性就是指对企业目前存在的问题进行优化,而"人无我有"的超越性指的是弥补当前领域的空白。不管采取何种创新方式,其所彰显的创新创业精神一定具备超越历史的先进性。

2. 批判性

创新创业精神具有批判性，这在其内涵中就可看出端倪。具有批判意识是创新型创业得以实现的一个前提，要用批判的眼光看待事物，肯定事物积极的一面，也要看到事物存在的不足，进而有针对性地予以弥补，对于尚处于积极状态的事物要不断优化与更新。批判性思维认为任何事物都不是绝对的，都具有相对性，所以，事物是能够得到进一步改进、更新和变革的。创新创业精神的独特性也在于此。创新型创业就是基于现存事物尚需进一步改进、更新和变革的方面，对新事物予以创造，对旧事物的某些功能进行优化升级，进而创造出新的价值。创新创业的实现，其有效途径之一就是批判的思维方法。如果个体具有批判的思维方法，就会产生改革创新的理念，并应用于创业活动之中。问题是创新的主要来源，要想做到真正的创新创业，就必须以问题为导向，在创业活动中力求创新。

3. 科学性

李克强同志强调，大学生应该坚持"求是创新"的精神，勤勉好学，不断追求真理。要想实现创新创业精神的科学性，就要让创新创业活动基于现实展开，求真务实，尊重事物发展的规律，挖掘事物间的内在联系，以尊重科学为基础。

科学性就需要在对事物进行认识和分析时，立足于客观实际，依托科学的行为做出与事实相符的判断，要求真实有效。这就要求在进行创新创业的过程中，基于现实情况，尊重客观规律，对现实的可能性进行主动分析，在创新创业实践中落实创新创业精神，自觉思考和参与实践，促使创新创业构想转化为创业观念蓝图、创业形象蓝图及创业实践蓝图，紧密结合实际的发展状况，使创业实践蓝图真正在实践中得到落实，赋予其成果更多的社会价值，使创新创业理想最终转化为现实。这就对创业者提出了新的要求，其必须积累系统化的创新创业相关知识以及科学的思维方式、方法。身处知识经济时代，创业者要想实现发展的稳定性，就需要具备系统化的理论知识及科学化的工作方法为其保驾护航。

二、激发大学生创业精神的路径

（一）营造培养创业精神氛围，养成创业思想和观念

在高校中，创业教育环境的营造能够为大学生日常学习生活中创业精神的形

成和培养提供帮助,进而使大学生的思想和行为发生改变。在高校课堂教学中,创业思想和观念的教学效果不大,因此对于创业知识的教学不需要加以特别强调。大学生创业思想和观念的形成及培养是在高校文化环境中逐步进行的,因此,对于高校来说,可以从以下几方面入手:第一,要加大创业文化的宣传力度,使创业文化与校园文化有机结合;第二,分析校友创业实例,特别是近几年的毕业校友实例,使新生对创业校友的发展历程有一定了解,并对大学创业理念养成的重要性有一定的体味;第三,可向高校所在地的新生代企业家发出邀请,进行专题讲座,以其自身的成长为主要内容,凭借年龄相仿的优势,为新生了解创业精神提供帮助;第四,对大二、大三的学生组建学生创业社团予以支持和鼓励,并邀请新生代企业家参与其中,以社团为发起者组织有助于提升创业精神的各类校园文化活动;第五,加强高校与本地中小企业、社会团体的合作,力求构建高年级学生和新生代企业家之间一对一、一对多的创业服务模式,使大学生有更多的实践机会,进而使其创业理念更加成熟。

(二)实践与教学相结合,塑造创业个性和意志

高校在培养大学生创业精神的过程中,可以有针对性地革新其教育方式,进而实现大学生个性塑造的多元化与大学生的创业意志等培养目标。概括来说,高校在培养创业精神的过程中可以采取以下几种方式。

第一,不仅可以借助课程教学方式,还应强化互动式教学。可聘请新生代企业家来学校讲课,并鼓励学生与其进行沟通,使大学生的创新个性得到一定程度的增强。

第二,可以借助多样化的创业精神培养学生的实践能力,强化大学生创业意志。主要囊括创业情景模拟、创业计划大赛、创业园项目经营、市场营销大赛等,并鼓励新生代企业家积极参与实践,携手大学生共同创业。在进行创业的模拟和尝试之后,大学生就会对创业的艰难有更加深刻的体会,使其意志得到磨炼。

第三,高校要下大力度对一批大学生创业精英予以扶持,增强其领袖意识,进而对全体学生创业个性的塑造和意志的培养产生影响,尤其是大学生身边的人或事更能对其产生激励作用。

(三)结合价值观教育,树立创业作风和品质

在高校德育中,重要的组成部分之一就是培养大学生的创业精神,尤其是养成诚信、友善的品质和作风,这是每一个大学生都应具备的。

　　高校对人才培养,专业知识传授发挥着重要作用,但是同样不能忽略的是对大学生创业风格和品质的培养,它能够为大学生进入社会提供有效帮助。即便新生代企业家具有各不相同的个性特征,但是在创业作风和品质上都是与社会主义核心价值观相一致的,秉承着诚信、友善的创业作风,使其在实践中生根发芽。高校德育应保证大学生价值观的正确性,可以邀请新生代企业家分享成功经验,深化创业作风和品质的重要性,使大学生明白正确价值观的作用。就细节来看,可以借助思想政治理论课加以落实,依托分析新生代企业家的成长经历,着重阐述新生代企业家诚实守信和成功后回馈社会等经历,塑造大学生的社会责任感与使命感,进而在创业中做到诚实守信、实事求是。

第二节　激发大学生创新创业意识

一、大学生创新创业意识的内涵

　　大学生是国家花大力气培养出的高素质人才,是国家与社会不可或缺的宝贵人才资源。大学生都应接受高等教育系统的理论教育,在创新驱动的实施及"大众创业、万众创新"的推进过程中,发挥主要作用。高校应从思想意识和精神观念两个方面加强大学生的创新创业教育,只有学生的思想观念发生变化,才会真正愿意接受创新创业教育,才能内化于心、外化于行,在今后有所作为。

(一)大学生创新创业意识的含义

　　创新创业意识是指人们对创新创业活动自觉的反映,也就是对创业者行为起到促进和激励作用的个人心理倾向。创业意识是创新创业活动得以开展的源泉。针对大学生开展的创新创业意识教育可以纳入普及化教育中,意在帮助学生进行商业扫盲和树立目标,有助于提升大学生的创新创业意识。

　　创新创业的需求是创业意识得以产生的动因,是创新创业动机得以产生的基础。创新创业动机对创新创业行为起到推进、促进作用。人们对于创新创业具有浓厚兴趣,也就刺激着他们产生创新创业的情感,有助于其创新创业意识的强化。基于创新创业动机的创新创业理想有助于更好地对创新创业未来予以构想。作为创新创业活动的强大精神支柱,创新创业信念的思想和境界在创新创业道路上也会不断升华,形成创新创业意识的最高层次——创新创业观。

在创新创业的需要中,创新创业意识的核心是创新创业理想,它集中反映了一个人对未来奋斗目标的向往和追求。所以,创新创业意识的形成实质上是人生价值观的一次升华。生而为人,不仅需要实现自我价值,还要实现人生的社会价值,这种社会价值就是为祖国、为社会、为人类献出自己的力量。

培养大学生的创新创业意识,不是要求学生能在大学里或毕业后进行创新创业活动,也不是要求每个人都进行创新创业活动,这既不现实,又不合理。就创新创业者来看,其态度及行为受到创新创业意识的支配,创新创业意识可以看作是创新创业素质极为重要的构成要件。提升大学生的创新创业意识,需要强化其积极探索、开拓创新的改革意识,锐意进取、敢为人先的竞争意识,以及自强不息、努力不止的奋斗精神。

(二)大学生创新创业意识的特征

创新创业意识的概念源于创新创业的实践,故有别于其他意识,有其自身的独特性。

首先,它具备创造性。创新创业意识的本质是其能够充分调动创新创业者发挥自身的主观能动性,为创新创业实践提供动能。在马克思看来,人只有置身于改造对象世界的过程中,才能够切身感受到自己是类存在物,故可以将此种生产看作是人的能动的类生活。人不同于动物的实践活动的表现形式就是创新创业实践,在这一实践活动中,人具有认识世界、改造世界的创造能动性,也具有自身的创造性特征。毛泽东将这种能动性称为自觉能动性,这也是人区别于动物的标志之一。任何创新创业活动都能使创新创业意识的创造性得以淋漓尽致地彰显。

其次,它具备创新性。创新创业意识挣脱世俗观念与旧制度的禁锢,打破了人们思想上的桎梏,进而在意识形态领域形成了新的观念与思想。我国领导人曾指出,所谓创新就是要不断地对思想予以解放,力求做到实事求是、与时俱进。实践没有止境,创新也没有止境。[①] 创新创业从实践活动升华到意识领域,就兼具了独立性、灵活性、创新性等,依托创业者的思考,创新创业意识应运而生,但是需要注意的是,多元价值观和行为会对其意识产生一定的影响。

最后,它具备实践性。创新创业实践是创新创业意识的源泉,故具有实践的操作性,创新创业者可以立足于自身的创新创业倾向、能力等,在对所处创新创业环

---

① 李鹰,唐德新. 现代企业管理[M]. 北京:冶金工业出版社,2014.04.

境与拥有的资源进行分析的基础上,有针对性地开展创新创业实践。这种创新创业实践尽管来源于具体实践,但它高于具体实践,创新创业者会不断丰富与修正自己的设想。

（三）大学生创新创业意识的必要性

近年来,大学生面临巨大的就业压力,高校应花大力气开展创新创业教育,以此作为突破口,发展大学生创造性思维,使其具备创新创业意识,这对于增强大学生走上社会之后的竞争力、适应我国经济社会发展需求、培养高素质的创新型人才有着重要作用。"创意、创新、创业"是社会未来发展过程中需重点把控的三个方面,未来的大学生并不是要寻找职业,而是要将职业提供给其他就业者,因此,高校必须要意识到培养大学生创新创业意识的重要性,并将其落到实处。

1.高校自身的建设与改革应紧跟世界高等教育发展趋势的需要

创新创业意识与精神是创新创业行动的思想基础,促使大学生的创新创业思维、创新创业意识、创新创业能力得到提升,这是当前高校创新创业教育的着力点。创新创业以创新思维为实质。传统教育,即应试教育在培养人才的过程中,不断抹杀教师和学生的创造性,着重培养孩子们的应试性,进而使学生形成一定的思维定式,缺乏创新创业意识和愿望,欠缺团队精神,这样的"人才"不能适应未来社会的发展需要。故培养在校大学生的创新创业意识是高校自身建设改革得以深化的必然选择。

西方高等院校创新创业教育的开展要相对领先于其他国家,其将创新创业教育囊括进了课程体系当中,对于培养学生创新创业意识、精神、能力所发挥的重要作用有一个清楚的认知,并且极具成效。我国的创新创业教育相比西方国家起步要晚,但是目前大部分省市已将创新创业教育纳入了人才培养体系当中,相关规章制度也逐步出台,取得了一定的实效。从我国高等教育改革方面来看,开展大学生创新创业教育是大势所趋,有助于在一定程度上调和因就业压力而带来的社会矛盾。

2.社会转型的需要

创新型社会是我国社会的发展方向,并且我们也在为达成这一目标而不断努力,其中最重要的就是培养具有综合素质的大学生。高校为社会提供一大批兼具创新意识与创业能力的高层次人才,是我国社会实现快速转型的先决条件,也是建设创新型国家和全面建成小康社会的必然要求。故对于具备创新创业意识与能力的大学生予以培养,是社会转型的基本工作和必要环节,它将决定我国是否能够快速实现向创新型社会的转变。

3.适应教育服务社会、服务地方经济的需要

当前,我国就业形势严峻,就业市场呈现一种"饱和"状态,但这种状态其实是一种"泡沫就业"。部分热门行业供过于求,一些冷门行业门可罗雀。究其原因主要涉及表层与深层两方面:其一,基于表层方面来说,是人才市场运行机制作用的结果;其二,从深层上加以剖析,是因为传统教育已不能满足当前社会经济等多方面建设的需要。具体而言,在向知识经济过渡的过程中,能够在原有行业中获得就业的只是一小部分,占比较大的还是需要自主创业的毕业生。但是,由于高等教育对学生的创新创业意识培养不够重视,只是为了应付指标检查,学校常常在毕业前的几个月对学生进行就业指导,或者基于表层在专业设置上面做文章,进而设想提供一个"适销对路"的人才培养模式。但该"就业指导"因创新创业教育方面没有做到位,故是无法"药到病除"的。

浅层就业教育只涉及就业指导、就业信息提供、对就业困难生予以帮助等,但是,没有转变毕业生脑海当中被动的就业观念,他们在就业时依旧是靠政府、靠学校、靠熟人。要想解决这种情况,使学生树立正确的择业观势在必行。基于适应知识经济发展需求的层面而言,入学伊始就需要着手强化大学生的创新创业意识和能力,进而使学生转变就业思想,充分发挥其在就业时的自主性、积极性。除了鼓励学生投身偏远地区、扎根冷门行业之外,还需要对学生自主创业予以支持,实现就业观念由被动转变为主动,即实现自我就业。上述两种就业方式没有谁优谁劣之分,但后者更需要胆量、勇气和开拓进取的精神。而这种精神不是一朝一夕之功,它需要长年累月的积累和培养,因此培养大学生的创新创业精神是高校的终极目标和重要任务,有助于学生对于未来发展做好思想上和素质上的准备。

二、大学生创新创业意识培育薄弱的原因

(一)传统思想的禁锢

毋庸置疑,科技进步、规律转变都是由于人对固有事物及固有规律关系的质疑或者批判而产生的,只有当旧的利益被新的进步势力所替代时,人类社会才能得以发展和解放,达尔文的进化论、古代的四大发明等都是如此,只有打破传统、守旧思

想对人类的桎梏,才能使人类历史得到新发展,也唯有如此创新创业能力的闪光点才能得到淋漓尽致的展现。

先秦时期就存在"百家争鸣""百花齐放"的文化思潮。那时人们的思维相对活跃,尚未形成科举制度,创新创业意识尚未被扼杀,整个社会都是一种积极进取、各抒己志的开放氛围,出现了儒家、道家、墨家、法家、阴阳家、名家、纵横家、杂家、农家等诸多学派。无论出身如何、年龄如何,只要有能力,有想法,就能够获得施展自身才干的一方天地。但是到了16世纪之后,在创新意识、能力方面我国明显落后于西方国家。诸多学者致力于阐明这一现象。为寻找这个问题的答案而穷尽大半生精力的李约瑟将其归咎为科举制度。尽管科举制度在选拔人才方面发挥着极大的作用,但不能否定它在一定程度上挫伤了国人的创新意识。

人类社会发展经历了原始母系社会、奴隶社会、封建社会及现代社会,在每一个发展阶段,都力求挣脱旧的束缚,开创新的机遇。科举制度在我国历史中存留的时间长达1300多年,持续时间如此长的人才选拔制度,成为我国古代国人创新创业意识发展的最大障碍。科举制度下的学子们,只会基于考试的形式而写一些应付性的文章,其主张、能力在卷面上几乎得不到体现。科举文章成为一种思想上的桎梏,学子们的创新意识鲜有发展,对学生的学习生活产生了极大的负面影响。除了科举制度外,古代的师生关系也影响着学生的方方面面,"灌输式"传授知识的方式使学生不想去探究未知世界。中国古人崇尚天人合一,向往人与自然的和谐共处,推崇道德至高的圣人、贤者,对当代大学生创新思想造成了巨大影响。

古代传统的中央集权制,使整个社会从上到下都笼罩在专制统治之下,将中国人的思想牢牢集中在统治阶级的手中,皇权至上,天朝帝国,直至19世纪的西方列强用钢枪炮弹轰开中国紧闭的大门,用鸦片大麻摧垮中国人健康的身躯,用廉价的工业品占领中国市场,中国从一个高度集权的封建制国家,逐步沦为半殖民地半封建社会;战后清廷所签订的诸如《南京条约》《马关条约》等一系列不平等条约,更让中国民众处于水深火热的艰难困境中,在这样的情况下,国人的思想栅栏被迫打开,列强的侵略及各种不平等条约的签订,更是让民众意识到了国家的不堪一击,直至辛亥革命,孙中山领导的莒命队伍发展壮大,民众的民族意识有了苏醒的征兆,这是创新意识的内在彰显。新文化运动、五四爱国运动、共产党的成立、社会主义思想的涌现,以李大钊为代表的一批早期革命志士将先进思想观念带到了中国,使中国人重燃希望之火,这同样是创新意识的内在彰显。

（二）应试教育的制约

就我国教育来看，应试教育始终是这当中的短板，究其原因在于其将考试视作唯一的考评标准，而身处其中的学生更是将考试作为学习的终极目标，不仅忽略了社会的选择和学生自身的发展，还对创新创业思想的发展造成了严重影响。

在现代社会当中，升学、就业都与各类教育挂钩，考试成绩是一个基本前提，其中涉及中考、高考、研究生、博士生等学业考试，教师资格证、会计师从业证、公务员考试等各类职称考试，这些都是入职的必经之路。

标准答案是指唯一判断正误的答案。综观各类学校，各科考试的评判标准都规定了所谓的标准答案，学生答题就需要不断地"靠近"标准答案，这在无形中制约了学生的创新意识，使学生不敢也不愿冒险答出与众不同的答案。

教师的教育理念落后而僵化。在应试教育的大背景下，教师的授课也趋向于固定化，也就是有"套路"，教学模式僵化，出于考试、上课的考量，以分数作为学生考评的唯一标准，进而无视教育者的基本职责。

提升学生的创新意识，最主要的就是改变当前的教育环境，变应试教育为素质教育，消除"唯分数论"的固化思想。学生的创新意识要从小培养，教师要掌握学生的兴趣点，发现其优点，挖掘其创新潜能，使学生在学习时具备积极性、主动性，唯有如此，培养出来的才是具备创新性的人才。

（三）评价体系的缺失

除了上述提到的，基于新常态的社会形式也影响着大学生的创新创业意识，功利化的求职方向，拜金主义、享乐主义的思想观念在一定程度上阻碍了大学生创新创业意识的提升。

评价标准的单一性，使得各个高校失去自身的办学特色，千篇一律的高校人才不仅造成了就业难等社会问题，还不利于国家发展，使中国在世界发展浪潮中失去前进的动力。

对于高校教师的评价过于看重其科研成果，高校教师把写论文、写专著当成重要的目标，却忘记发展自己及学生的创新意识。

此外，在大学当中，多借助考试分数来测试学生的能力。该考核方式不利于学生创新创业能力的培养和发展。这是因为它仅侧重于学生对书本知识理解能力的考核，并没有将其个人能力（如创造力、领导力、想象力等）纳入考察的范围内。长此以往，大学生对创新创业不仅不够重视，那些在学生发展中发挥不可替代作用的个人能力也受到了削弱。

就业形势的严峻,使得部分学生为了争取高分、高学历抑或是证书,寻求更好的就业机会,而在考试中不择手段,例如找老师开后门,老师为了获取私利而与学生串通一气,进而达成分数买卖。此种现象并不少见,这也从一个侧面反映出当前的考核方式是不合理的,有待进一步完善。

（四）政策扶持的不足

就大学生创新创业来看,缺少国家政策的支持,这在一定程度上也造成了大学生创新创业意识的欠缺。

近年来,国家出台了一些有关于大学生创新创业的优惠政策,但是大部分政策的着眼点都放在了资金救助方面,对于经营管理、销售税收等其他项目环节,并没有投入太多的注意力,因而优惠支持政策还不完善。

另外,优惠政策尚未形成系统,缺乏完整性、体系性。国家优惠政策的主要关注点放在了教育上面,但是大学生的优惠政策并没有延伸到银行、保险及司法等领域。

还有就是政策开放性不足,也就是说这些政策的门槛相对较高,条件也较多。政策具有太多的约束性条件,这就使得大学生即便有想法,但因为自身条件未达标,也没有办法将创新创业落到实处。

三、大学生创新创业意识培养的总体思路

（一）整合大学生创新创业意识培养路径

1.课堂中渗透创新创业教育理念

目前,多数学生都缺乏对创新创业的正确认识。对于高校来说,应该从以下几方面着手:第一,改变传统的教育模式,创新创业教育理念的传授要从大学一年级就开始,使其尽早掌握创新创业方面的知识,进而培养大学生创新意识、能力和创业精神。高校教师在对专业课知识进行传授的过程中,应更新教育观念,确保知识拓展的有意识性,实现创新创业知识与专业课程知识的有机融合。

第二,转变传统的授课方式,依托新型授课方式,例如微课、翻转课堂等,有针对性地提升学生的创新能力,对其创新创业意识和创新创业精神进行培养和塑造。当前,在大多数高校中,已经设置了创新创业教育课程,这样一来,有助于丰富学生

创新创业的知识积累,还有助于创新创业实践环节的系统化。

2.校园中营造创新创业氛围

环境能够塑造人。对于高校而言,创新创业教育环境建设和文化氛围的创设同等重要,要采取多样化的形式宣传创新创业,并举办各种创新创业主题活动,使学生获得创新创业意识。最为常见的有以下几种:第一,采取多样化的形式对国家创新创业政策文件进行宣传,如展板、媒体等;第二,重复播放关于创新创业优秀事迹的视频;第三,创立创新创业论坛、科技创新大赛;第四,举办创业成功人士讲座、报告会等。此外,还可以时常与创业校友联系,组织学生针对创业场地开展参观与实践活动,使学生能够亲身感受到创新创业的环境与氛围,进而提升创新创业意识。

3.在实训中培养学生的创新创业意识和精神

新形势下,就业形势也呈现出新的特点,故学生创新创业意识的培养刻不容缓。高校创新创业教育除了课堂教学之外,更为重要的是在课外活动中培养学生的创新创业素质和实践能力。对于高校而言,应该高度重视学校和企业之间的合作,鼓励、组织学生亲身参与其中,基于校内外实训基地和成果孵化基地来开展多样化的实践活动,有助于强化学生的创新创业实践能力,此外,还可以基于所学理论有针对性地布置一些具有探索性、创新性的实践作业,进而引导学生把理论应用于实践,充分发挥其主观能动性,激发其创造性思维,从观念上、行动上对学生的创新创业意识进行培养,使学生进一步适应社会需求,成为创新创业型人才,更好地为社会服务。

新形势下,"大众创业、万众创新"成为社会主旋律,而大学生自始至终都是创业浪潮中的主力。高等教育的最终目的就是培养"创新、创造、创意、创作、创业"的五"创"人才。在大学人才培养过程中,强化大学生创新意识具有战略性意义,不仅关系到高校培养的人才能否具备创新创业能力,也关系到其能否与新常态下经济社会发展的需要相适应。明确学生所需,有针对性地提供给学生所需要的知识与能力就是高校的教育理念。其中,知识是他人经验的积累,能力是自身经验的积累,对学生来说,最好的情况就是能够符合市场的需求。高校创新创业教育的开展所要达到的终极目标就是通过对大学生创新创业的综合素质和实践能力的培养,使其创新创业意识得以增强,激发其创新创业热情,启发创新创业思维,培养大学生创新创业精神。

（二）加强大学生创业意识的培养

大学生的创业意识并不是天生具备的，而是需要借助后天的学习与实践来逐步强化。大学生即将进入社会，参加工作，处在人生重要的转折点，对其创业意识进行培养，有利于其今后人生的发展。虽然必要的外部条件和影响对于创业意识的养成是不可或缺的，但是个人有没有高度的自觉性却起着决定性的作用。这里所说的自觉性是指对创业意识的自我认识、自我解剖、自我教育、自我塑造和自我提高。基于此，加强自身创业意识的培养可以从以下几方面入手。

1.树立与市场经济相适应的现代创业观

生产力主体性要素中最具发展潜力和后劲的群体就是大学生。大学生能否成为创新创业型人才和具备现代就业观念是其成为社会未来先进生产力的主要物质承担者的决定性因素。所以，对于高校大学生而言，要突破传统就业观的局限，更新自己的就业理念，借助探究式学习和研究式学习，掌握扎实的专业知识和实用性较强的技能，增强创新意识和能力，树立"创业即就业"的现代就业意识。

2.树立"创业创造价值"新观念

创业作为成才的一种方式，能够将个人的价值更好地体现出来。当前是一个拥有多元化价值观的时代，人可以通过多样化的途径实现人生价值，比如，可以进行发明创造，在推进人类的发展进步中实现自身价值；可以从军，在保卫祖国安全的过程中实现自己的价值；也可以进行创业，将自己的价值与社会进步、人类物质的丰富进行有机结合，在创业的过程中使自己的价值得以实现。

只有在社会发展过程中，个体才能实现其自身价值，而个体价值的实现又能够或多或少地促进社会的发展。在当前的中国，个人创业具有极大的现实意义。它不仅有利于个人需要的满足，而且有助于减轻社会负担，更为重要的是，能够有效推动国家的发展及加快国内经济同国际经济的融合等。个人创业在发挥作用的同时，也体现了个人的价值，充分体现了个人的创业精神。

3.培养创业兴趣

创业者从事创业实践活动过程中所表现出来的特殊个性倾向就是所谓的创业兴趣。它能够激发创业者强烈的创业意愿，并将大量的精力投入创业之中，坚定创业意志并获得成功。所以，要求大学生在实践生活中注重培养自身的创业兴趣，不断学习创业知识,并在实践中不断积累经验,积极参与到创业实践中去。

4.树立竞争、创新意识,强化创业动机的影响力

正常创业行动的先导就是创业动机。在现实生活中,创业动机是多种多样的,获得金钱、实现自我价值、取得成就的快感等都可以是创业动机。竞争不仅是商品经济的基本规律,而且是社会主义市场经济的内在机制。在竞争的过程中,人的积极性、主动性、创造性及潜能能够更好地发挥出来。对于创业者来说,必须敢于拼搏,敢于竞争,寻求突破和创新,提高自己的竞争力,这是社会主义市场经济条件下创业者必备的创业意识。

5.树立社会责任感

大学生创业一方面使个人的生存和发展需要得到了满足,另一方面,更为重要的是面向社会,把研究成果转化为产品,产生了经济效益,推动了社会的发展与进步。正如清华大学科技创业者协会的同学们所说:"创业是一种精神,创业是一种意识,创业是一种素质。创业不是个人行为,创业是合作和表率。创业不是攫取私利,创业是奉献与无私。创业者是坚定的爱国者,富有激情的实践者,艰苦创业的实干家。"所以,大学生要养成强烈的社会责任感、社会义务感、社会使命感,要确立远大的理想和坚定的信念,坚持用科学理论武装自己的头脑,树立正确的人生观、价值观,为祖国现代化建设和中华民族的伟大复兴奉献自己的智慧和力量。大学生创业意识的成熟离不开创业实践活动,可以与学校的商业场所、校内外实习基地、附近工厂或与自己家乡进行合作开展创业活动,积累经验,从各个方面为创业做好准备。

(三)利用新媒体提升大学生的创新创业意识

当前,"大众创业、万众创新"深入人们的脑海。就信息传播方式来看,立足于计算机信息处理技术与互联网产生的新媒体,集传统媒体的功能与交互性、即时性、融合性、延展性等于一身。当代大学生也主要采用这种方式获取信息。对于高校创新创业教育工作而言,怎样淋漓尽致地发挥新媒体在提升大学生创新创业意识,使其参与到创业实践中的巨大作用,是其需要思考的重中之重。

1.营造氛围,解放思想是提高创新创业意识的重要前提

大学生作为一个群体,极具青春活力,乐于接触新鲜事物,其具有极强的接受

能力。依托新媒体来引导大学生创新创业意识的塑造，就是要借助大学生所能接受的形式，对"大众创业、万众创新"这一举措进行系统化的论述，进而使大学生能够更加清晰地把握创新创业在社会发展及自身成长方面起到的推动与促进作用。很多毕业生的就业观念有待更新，就业首选政府部门、事业单位和国企等较为稳定的工作单位，其次是流动性较大的一般企业，很少人会选择自主创业。与此同时，对于大学生创业成功社会抱有极大地期待，但是却很难宽容的对待创业失败，缺乏"鼓励成功，宽容失败"的创业氛围，大部分人还是以创业的成败对个人的价值和能力进行判断。因此，就要求新媒体来引导大学生，使他们做到解放思想、更新观念，尽可能营造理解、包容、赞同大学生创新创业的社会舆论环境，为其解决创业过程中遇到的困难提供帮助和指导，从根源上明白创新创业是要培养冒险精神、创新精神，是要对理性进取的商业精神予以塑造。

2. 提升关注度是提高创新创业意识的重要基础

第一，新媒体的宣传和推广。随着大学生创新创业改革的不断推进，要发布各种创新创业信息，充分发挥新媒体传播速度快、涉及面广的优势，使大学生及时掌握最新的创新创业信息，强化新媒体的参与度，进而让大部分学生参与其中。

第二，新媒体搭建创新创业桥梁。大学生参与创新创业的形式并不是固定的。实践表明，新媒体对于消费群体的吸引力是不可低估的，对于企业家来说，这是商机；对于创业者而言，这是发展的机遇。当前，微博、微信等新媒体深刻影响着人们的生活，部分嗅觉敏锐的大学生注意到了新媒体自身具备的商业价值，进而使其成为一种营销手段，更有甚者将其发展为产品。创新创业只有在大学生中具有更为广泛的覆盖面，才能激励更多的学生走上创新创业道路。

3. 宣传大学生典型是提高创新创业意识的重要补充

近年来，一些新兴企业的创始人都是创新创业中的先进典型人物，在媒体的宣传报道下，产生了极大的影响，具有很好的宣传教育效果。他们身上具有自强不息、艰苦奋斗、开拓创新的创业精神，借助网络的迅速发展，进一步拓展了新闻人物的影响力，为大学生走上创新创业的道路起到了很好的带头作用。因此，树立创新创业典型是大学生创新创业意识得以提升的有效途径，依托新旧两种媒体对创业者的创业事迹进行广泛宣传，营造出创业教育的浓厚氛围，使在校学生的创业意向得以提升，激励更多的学生投入创新创业的大潮中去。

（四）重视职业生涯规划对大学生创新创业意识培养的作用

职业生涯规划指的是基于个体对自身的全面而客观的认知,对于个体兴趣点、优势等能力进行测定、分析、研究和总结,进而确立个体处于不同阶段时不同的职业目标,最终有针对性地确定实现职业目标的各种手段。大学生立足于在校期间的职业生涯规划,并充分考量自身特长,可以准确地定位未来职业的发展方向和目标,并参照发展目标,制定职业生涯规划实施的具体步骤。这样一来,大学生就能对自身未来的发展有一定规划与预测,立足于自身特点开发自身潜能,进而综合性地分析自身优势和劣势,使其在市场上的职业竞争力得以提升,进而有效提高未来创业、求职过程中成功的概率。

由此可以看出,职业生涯规划课程对于大学生来说十分重要。而创新创业与大学生职业生涯规划有着千丝万缕的关系,故职业生涯规划教育对于大学生创新创业意识的养成发挥着举足轻重的作用。

1.心理调节

就其实质来看,职业生涯规划处于心理学的范畴之中。在职业生涯规划的过程中,学生基于自我认识,对自身的个性进行塑造,进而实现自我的进步和发展。在大学课程中加入职业生涯规划的内容,使大学生对自己的职业定位有一个明确的认识,并为大学生创新创业意识的培养及创新创业精神的树立提供帮助。当代大学生的自信主要建立在他人的认可之上。衡量职业生涯的价值,最关键的就是要看其职业规划。创业尚未开始的时候,借助职业规划,让大学生对创新创业的重要性有一个深入了解,并与创业教育相结合,能够使学生的创新创业意识得到进一步增强。

2.明确创业目标

职业生涯规划是指分析和测定学生职业选择过程中的主观因素和客观因素,对学生创新创业目标的确立提供指导,塑造创新创业意识。创业成功的关键因素之一就是确立正确的创业目标。一般而言,创业目标的确立要经过从理性思考到科学分析再到职业发展认知的过程。各个高校的大学生都是在为就业上岗做准备。高校设置的专业的职业生涯规划课程可以为大学生基于自身优势来明确职业定位发挥一定的借鉴意义,进而明确认知创业以后的发展走向,进而树立发展目标,有针对性地制定行动计划,淋漓尽致地发挥自身潜能,依托创新创业教育强化大学生创新创业意识。

3.提升个人竞争力

职业规划有助于大学生明确自身的职业目标定位。从当前来看,就业压力加剧,对于大学生来说,必须基于自身的职业目标对职业计划进行良好规划,才能具有竞争力,在竞争之中取胜。依据制定好的职业规划,有条不紊地展开行动,在实践过程不断积累经验,提升自身职业技能。确保职业生涯规划的系统性,有助于学生自身优势得到充分发挥,并能够妥善安排工作任务的先后顺序,极大地增强个人竞争力。

就我国目前形势而言,一项重要的任务就是创新创业教育。各地区高校也在抓紧落实这项任务。不容乐观的是,当前高校创新创业教育中还存在诸如大学生创新创业意识不强、意识不坚定等问题,这都需要引起重视。职业生涯规划有助于学生基于主客观条件对自身潜能予以充分发掘,在其确立职业目标的过程中产生指导意义,进而强化其创新创业意识。大学生依托对于职业生涯规划课程的学习,有助于大学生对自身进行准确评估,明确创业目标与发展走向,做好就业前期准备,并具有针对性地强化和调节学生的心理素质,能够有效克服创新创业过程中创业者意志的动摇。

第三节　培养大学生创新创业能力

一、大学生创新能力的内涵

总的来说,创新能力的内涵包括以下三个方面:第一,基于前人的发现或者是发明,借助自身努力创造性地提出新的发现、发明或对于之前方案进行革新的能力;第二,怀疑、批判和调查的能力;第三,基于科学、艺术、技术等实践活动层面,研究者借助知识与理论逐步提供极具经济、社会和生态价值的新思想、新理论、新方法及新发明的能力。可以看出,创新能力着重对以下几方面进行了强调:第一,以前人的发现或发明为基础。人类已有的知识和信息是任何创新、创造、发明和发现的基础条件。只有不断地继承、批判、发展和创新才能推动社会向前发展。第二,自己的努力。对于创新者来说,强烈的创新动机、创新精神和良好的创新素质和品格都是必不可少的。第三,创造性地提出发现、发明或改进革新方案的能力。在创造过程中创新能力得以充分体现。创新能力的内容主要囊括了创新意识、创新基础、创新智能(包括观察能力、思维能力、想象能力、操作能力等)、创新方法及创新环境。

所谓的大学生创新创业,是指大学生基于理论知识,借助提升自身能力,而逐渐具备的对于新事物发表见解、研究分析的能力。通常情况下,其主要涉及大学生创新思维能力、创新实践能力和非智力因素等。近些年,大学生创新能力的内涵、构成要素和培养模式成为很多学者关注的焦点。比如,郑裕东等在创造力三维模型理论的基础上,提出了"三位一体"大学生创新能力培养模式,这一模式以低年级课堂教学为引导,以大学生科技创新训练为平台、科研实践活动为载体。① 当前,学界已经对创新能力的构成要素达成了一定的共识,主要涉及创新思维、创新知识、创新技能、创新意识、创新实践及创新人格。徐一在调查和研究了北京四所高校之后,得出结论:新形势下大学生创新能力主要是由创新思维意识、创新知识储备、创新实践倾向及创新人格气质构成。②

二、大学生创新创业能力培养存在的问题

(一)大学生创新创业意识强化不够

大学生具有创新创业意识是其创新创业成功的一个基本前提,从当前来看,其对于大学生创新创业的自觉性与成功比例具有决定性作用。但是需要明确的是,在现实当中,大学生的创新创业意识和急需年轻人创新创业的社会现实要求并不是同步的,而是明显滞后的。大学生创新创业意识淡薄主要有以下几个方面的表现。

其一,创业主动性不强,外在的压力起到了极大作用。大学扩招带来的影响之一就是应届毕业生人数众多,就业压力较大。因此,一些大学生才在找不到合适工作的压力下将目光投向了创业,并不是因为对于创业这件事情本身是多么热爱或者是有多么伟大的创业理想。

① 曲希玉,邱隆伟.高校地质学专业本科培养模式探讨——从地质学专业本科培养方案对比中得到的启示[J].教育教学论坛,2018(27):80—84.
② 徐一.新形势下大学生创新能力构成因素研究[J].中国商贸,2014(08):162—163+165.

其二,大学生对于创新创业本身并没有深入的了解。有一部分大学生认为,开展一些经营活动或者参加一些社会实践就是创新创业的全部内容。没有全面掌握创新创业中的相关知识,仅仅凭借一腔热血和各种天马行空的想法,对于整个创新创业而言尚十分欠缺理解。

其三,大学生产生内心矛盾及焦虑现象。迫于就业压力而不得不创业的学生,通常创业信念并不是很坚定,会在创业、就业间左右摇摆。从心底来说,他们渴求一份稳定的工作,但是迫于就业难,不得不致力于创业,这就陷入了矛盾的状态之中。在选择了创业之后,也会因为创业心态消极,准备不完善,创业意识淡薄等原因对创业的结果保持一种害怕、担心的心态。在对创业前景没有明确把握的前提下,意志也会发生动摇。

(二)高校创新创业教育拓展不足

《关于进一步做好新形势下就业创业工作的意见》于 2015 年 5 月 1 日由国务院发布,该意见指出,创新创业带动就业十分重要。此后,国务院办公厅连续发布了多个文件,进一步明确了高校作为青年创业创新人才培养摇篮所肩负的职责。目前高校教育的一个重要职责就是培养和推动大学生创新创业。

在高校教育实践中,分数圭帅的传统一直以来都没有得到改变,对高校的创新创业教育没有给予足够重视。本书笔者借助网络调查的形式,重点对陕西省十所高校的创新创业状况进行研究,相关数据表明,大学毕业生选择创业的人数只占到了陕西省高校大学生总人数 0.4%;十所高校中成立了大学生创新创业指导中心的只占 20%;30% 的高校专门设置了大学生创新创业指导或者是创新创业管理方面的课程;有 5 所高校举办过有关创新创业专题报告或者是讲座;40% 的高校举办过与大学生创新创业相关的活动或者是专门建立与大学生创新创业相关的网站。一些高校关于创新创业的内容仅在大学生就业指导课中有所提及。由此可以看出,一些高校创新创业教育起步较晚,有待进一步开发,普及率有待进一步提高,而传统的应试教育则对高校教育体制、培养内容及形式等产生了禁锢作用,使其没有紧跟时代的发展步伐。

(三)大学教师的创新素质教育指导能力不足

教师对学生的引导,在创新创业教育的开展过程中具有关键性作用。教育,即教与学,学生在高校接受教育的过程就等同于接受教师指导的过程。在当前的高校教学改革中,创新创业教育是非常重要的创新点,因此,教育要与时代的发展相适应,教师作为引导学生思维开化的主体,在高校创新创业教育中也是一个关键因素。高校创新创业教育的成果在很大程度上取决于教师队伍创新素质的高低。

就现代高校整体师资力量而言,大多数教师都能够熟练掌握传统教育形式,只有很少一部分教师擅长培养学生的个性,引导学生进行创新思维。在教师的教育观念中,传统的教育理念依然占据主导地位。大多数教师同样是基于应试教育的培养而成为一名教师,其学术水平虽然不低,但是在引导学生开拓创新意识方面却稍显欠缺。

目前,相当多的教师的知识结构有待进一步完善,不能很好地接受和掌握新鲜事物。尤其是在很多高校中,年纪稍大一些的教师在计算机、智能手机等现代新兴事物的掌握方面不如大学生,这就极大地影响了其在教学过程中对很多现代工具的有效运用。此外,高校教师的知识结构具有较强的专业性,不同学科和领域之间知识的融通性不强,这也不利于学生心智的全面开发和引导其跨领域进行创新思索,使学生创造性思维活动的开展受限。实施高校创新创业型人才培养战略,就当前的师资来看,并不尽如人意。

三、大学生创新能力培养的路径

(一)基础知识学习与综合素质培养并重

大学时期,大学生的生理、心理及思想储备都在不断发展的过程中,在内外部因素的共同作用之下,其主要表现为主动性、实践性、协作性及发展性。促进大学生创新能力的提升,除了对其专业知识的学习加以关注之外。更为重要的是对其综合知识、思想品德方面的培养加以关注。总体来说,有两个着眼点:一是深化并拓展学习的深度与宽度,指的是扩充储备量,鼓励学生积极投身于社团实践当中,能够勇敢地发表不同意见,不惧权威;二是培养敏捷的思维能力、理性的判断能力、坚韧不拔的毅力及强烈的好奇心,使其综合素质得到提升。

(二)坚持课内和课外相结合,实现创新能力的增长

培养创新能力要将课内教学与课外活动进行有机结合,采取多样化的方法和形式,使二者有效互补,进而使课堂教学内容更加具有开放性、组织性、活动性。这就要求课堂教学教育的优化与开放相统一,课内活动延伸到课外,对各类显性与隐性、正式与非正式教育资源进行有机整合,开发并有效配置新的教育资源,使其发挥最大的作用,形成实践活动和课堂教学有机结合的基本运作体系,与此同时,为

实现大学生创新素质教育培养目标提供帮助。此外，还必须构建学校教育、家庭教育和社会教育有机结合的教育体系，其中，居于主体的是学校教育，处于辅助地位的是社会教育和家庭教育，这三者是协调统一的整体，有助于创新素质教育目标的实现。

（三）加强动手能力培养，努力培养实践技能

对于创造型大学生来说，必备的能力之一就是实践能力。加强实践锻炼能够使大学生的智力得到有效开发，创新能力得到培养。在心理学理论体系中，智能发展理论以苏联心理学家维果茨基为代表，对"活动"进行了特别强调，外界物质活动的内化构成了个体头脑内部的智力活动，一旦外界物质活动不再发挥作用，人头脑内部的智力活动就无法形成。有发达国家的高等学校教育在教学计划中加入大学生参加科研工作的内容，并将其作为考核的一部分，使得大学生动手动脑的创造潜能得到了有效激发，进而使大学生的科研能力和科研素质得到了大幅提高。

重视社会实践活动，将理论知识应用于实践当中。对于大学生实验技能的培养及科研能力的提高来说，有效的场所之一就是实验室。要鼓励学生多进实验室，多做实验，多参加动手实践活动，进而在遵循严谨的科学态度和科学精神的基础上使其创新素质得以提升，熟练掌握科研方法，不断提升科研素质。可喜的是，在很多大学中，大学生科研工作基地已经建立，不仅能够进行教学和科研活动，而且能够进行生产活动，有效地培养了学生的创新能力。因此，在社会实践活动中，要不断锻炼大学生的智力和能力，为其创造性思维活动的开展提供机会和平台，这对于他们创新能力的培养来说意义非凡。

（四）营造创新能力的大学文化

作为创新能力的灵魂，创新文化主要囊括两层含义：一是基于创新过程的文化所起到的作用；二是对于有利于创新文化氛围营造的方法策略。观念文化与制度文化是创新文化的两个构成部分。所谓观念文化是指在创新活动当中影响最为深远的东西，其是作为创新活动的内在驱动力而存在的。所谓制度文化指的是创新活动开展所依托的社会环境，是作为创新活动的外在推动力而存在的。创新文化的灵魂在于科学精神和人文精神。其中，科学精神主要表现为求实、怀疑、实践、协作、献身、宽容等，而具体到人文精神来看，主要指的是以人为本的理念。

社会的不断进步与人的全面发展都要求对文化进行创新。从人类发展的视角看，人类认识和改造自然的水平体现在文化之中。与此同时，随着人自身的全面发

展,不断传承、研究、融合、创新知识,增进了人与自然的关系,社会的发展也越来越离不开人的创新属性。

创新人才在创新文化中居于主体地位。大学文化是客观存在的,对大学生发展的影响是全方位的。大学文化是由大学生的精神凝聚而成的,哪怕是在不同的时代。大学生文化的发展状况略有差异,但是在大学文化中,创新文化始终是其精髓和灵魂,大学的发展前景、自由的学术及批判精神、大学生的气质和独树一帜的价值观都可以囊括进大学创新文化的范畴当中。从创新人才培养层面来看,大学育人的过程实质上就是文化育人,创新文化能使人具有以下两个方面的转变:第一,从单纯的拥有技术转变为具备一定的能力;第二,从对于知识的获取转变为形成特定的文化。从大学生发展层面来看,大学创新文化在社会当中彰显了教育力、凝聚力、创造力及引领力,除了能够影响大学生的身心发展之外,更为重要的是会对大学生全面发展的各个方面都产生一定的影响。

第四节　改进大学生创新创业教育方法

一、宣传激励法

从当前来看,在我国的高校当中,创业教育尚处于探索与完善阶段,创业教育体系还有待完善,学生对于创业教育并没有一个十分清楚的认知,他们接触到的创业教育不外乎一些理论知识及相关讲座等,这并不能激发学生的创新创业热情,并不能切实提升学生的创业积极性。就高校而言,应该树立创业教育文化意识,激发学生对于创业教育的热情与兴趣,进而促进创业教育进一步的传播与扩散。

就高校而言,应该在校园当中加强创业文化构建,借助舆论宣传使学生对于创业有一个相对系统的认知。实现创业教育文化与思想政治教育的融合,丰富现有校园文化的内涵,将创业文化囊括其中,进而使学生树立创新精神和创业意识,使学生在意识形态方面与创业教育产生共鸣,转变思想认识。借助高校各项资源宣传创业教育,营造轻松和谐的创业环境,进而使学生在生活与学习中了解创业文化,能够以饱满的热情面对未来的诸多挑战。

第一,可以将宣传画、海报等张贴在学校人流量大的地方,例如公告栏、食堂、教室或宿舍等,使学生能够在校园的每一个角落都接受到创业教育,在潜移默化中了解创业文化，激发学生对于创业相关内容的兴趣，进而产生创业想法。

第二，高校可以借助校报、杂志对创业的知识、项目及政策进行宣传和报道，其中还可以刊载一些校园记者对创业成功人士的专访等，使学生通过这类纸质媒介了解相关的创业信息。

第三，依托网络媒介传播创业教育相关内容。从当前来看，互联网已经成为大学生必不可少的新闻与知识获取渠道，特别是手机的普及与新媒体的迅速发展，创业教育可以利用网络这一媒介来传播创业文化。学校可以借助本校的论坛或官网来宣传和推广创业教育课程，此外，还能够借助本校的官方微博和微信公众号向学生推送一些与创业有关的小知识，使学生在日常生活中就能够潜移默化地对最新的创业政策、优惠及成功案例有所了解，进而扩展创业教育的开展途径。

当代大学生在面对新鲜事物的时候，总是以自身的认知及感情为先导来判断是否接受该事物，借助宣传激动的方式使创业文化广为人知，进而通过隐形方式传输给大学生，从而使学生能够产生同理心，有助于其转变自身的信念与价值观，使大学生对创业教育的认知发生转变，由抵触转变为接受，甚至是认同，进而深化大学生创新教育。

二、咨询服务法

就高校来看，应该建立专门性的创业指导中心，从技术及知识上为大学生创业提供一定的帮助和支持。创业指导中心所提供的服务模式应该具备长期性，每隔一段时间可以请创业专家或者创业研究者开展讲座或论坛，对于大学生在创业过程中遇到的问题或者是困难提供有针对性的帮助。此外，还应该将一些熟悉创业政策、法律、程序等相关内容的老师安排在创业指导中心坐班，这样为学生提供帮助和指导就不受时间的限制。创业指导中心还可以定期对于最新可推广的创业项目予以发布，进而使有创业意向的学生从中得到启发。

创业指导中心应该依托学校能提供的纸质媒体或新媒体对与创业有关的问题进行宣传，进而构建交流平台，使专家与学生间的对话做到直接、无时间地点的限制，使学生对于创业的良好环境和学校提供的帮助和服务有更深层次的认知，进而激发学生的创业信心。

学校应该将侧重点放在树立教师创业教育观念上，创造条件，进而使教师的创业经验得以丰富，从中选择一批创业实践与理论知识都很扎实的教师，进而组建一支专业化的创业教育师资团队，做到敢于摸索、勤于尝试、勇于实践、善于教学。高校应该借助一系列切实可行的方法来促进教师创业素质的提升，在大学生创业过程中,创业教育教师不仅担任着领路人的角色,同时也是过程的参与者与学习者,借助创业过程,能够使教师的综合素质得到一定程度的提升,这在保障高校创业教育有效、成功开展的过程中发挥着关键作用。

三、典型教育法

可以将"学习创业偶像"工作落到实处,塑造创业成功者的形象并加以宣传,例如比尔·盖茨、马云等创业名人,使大学生以他们为偶像,有意识地对其进行学习和模仿。也可以邀请创业成功人士来学校举行讲座或者是论坛,向学生介绍在创业过程中遇到的困难以及成功经验,分享其在创业过程中获得的快乐。

此外,也可以在毕业校友当中筛选一些具有代表性的创业人物及其创业事迹,使其成为学弟学妹们的榜样,可以通过报告或座谈的形式将他们的成功创业事迹向学生进行宣传,力求使大学生明白创业成功并不是遥不可及的,进而增强大学生的创业信心。

四、团体实践法

构建大学生创业园,向学生传授创业知识、学生创业优惠政策,并在学生创业初期向其提供所需的资金及咨询服务,进而为大学生创业提供更为广阔的平台。在耳濡目染当中,提升学生的创新意识,提高创业能力。可以举办一系列与创业有关的竞赛和项目,进而使大学生创业意识得到提升,激发大学生的创业热情,扩展其创业思维。具体而言,这类活动具有极其广泛的影响,相对来说规模也比较大,能够促进大学生综合能力的提升,使大学生对于创业概念的认识更加具体且完整,这些活动包括创业计划大赛、创业观摩活动等。学校在开展宣传活动的时候必须遵照活动细则及规定进行,进而有效避免学生因为不了解活动的具体情况而认为自身缺乏创业能力的情况发生。鉴于此类活动的持续周期比较长,能够产生较为深远的影响,进而其所产生的实效性也是有目共睹的。该类活动应该在条件许可的范围内尽可能地扩大参与者的范围,并且可以借助各式各样的媒介展开舆论宣传,营造校园创业文化氛围。

就高校而言,还可以构建专门的创业、模拟就业园,保障大学生能够有一个充分体验创业过程的场地。鉴于该实践基地在园区内,因而实现了创业问题和就业问题的互融共通。这样实践创业和就业具有了同步性,一举两得。大学生所拥有的资金是有限的,考虑到这一问题,在对于此类创业园地进行构建时需要采取虚拟化的方式。除此之外,还要实现真正意义上的创业拉动就业,在这一过程中,高校需要做的就是提供创业与就业过程中必不可少的物质保障,使学生通过对虚拟公司的现实运作,有效积累创业经验。在实践当中,可以对大学生进行引导,帮助其创立关联性的企业,换言之就是企业间可以形成良性循环。如此可以使虚拟企业之间的相互供求得到保障,为虚拟公司的运作提供了市场。与此同时,也能够将更多的职位选择、就业机会及就业场所提供给亟待参与就业实践的大学生。

第五节　完善大学生创新创业教育体系与模式

一、完善大学生创业教育体系

(一)实行创业教育的教学机制

高校在实施创业教育的过程中,需要做到以下几个方面。

其一,遵循开放、灵活、以学生为本的管理理念,改革教学管理制度及学生管理制度,以促使其不断完善,实施完全学分制,使管理制度有助于提升学生学习的自主性。

其二,在使教学系统时,要赋予其相对的开放性和一定的弹性,在教学管理的构建上要有利于创业教育的实施,要将创业教育纳入大学教育当中,视其为大学教育的一个重要组成部分,在教学管理制度建设方面,既要有鼓励和允许学生走出去创业的制度,也要给学生继续回校学习的机会,进而赋予培养模式以多样化、培养方案以个性化,实现培养目标与多样化、个性化的教育的相互契合,在制定教学计划时实现刚性与弹性的结合,使教学管理制度更加适合创业教育的实施。

其三,要改革原有单一、僵化的教学模式,针对那些具有创业精神及创业能力的大学生,要为其量身定制教学计划,配备指导教师。就教学方法而言,要立足于对大学生创新创业精神的培养,改变之前教师一言堂的局面,变革满堂灌的教学方法,可以借助讨论式、问题式、参与式的教学方法,使学生更好地参与到教学当中,引导其进行创新,有勇气提出新的观点和新的思想,进而使大学生的创新精神和创造能力得到强化,力求针对学生的特点开展个性化教学,做到因材施教,进而使教学模式能够更有助于学生创业素质及能力的提升。

（二）实施具有创业教育特色的人才培养模式

就创业教育而言,其关键在于建立创业型人才培养模式,该模式培养出来的创业型人才不仅要具备创业理论基础知识,还需要具备较强的创业意识与创业能力。高校要培养创业型人才,需要从以下几方面着手:其一,调整人才培养目标,换言之就是实现就业型人才向创业型人才的转变。其二,制定创业教育教学的实施方案,基于创业教育目标,改革现行的课程体系,调整课程结构,设置创业教育课程模块,主要囊括创业教育学科课程、活动课程、环境课程和创业实践活动课程等,构建就业教育与创业教育相融合的课程体系,并基于对共同创业教育课程的实施,依据专业、创业方向的差异性来有针对性地安排进行。此外,可以与具有创业实践经验的企业家合作,共同开发创业教育课程,为创业教育实践课程提供一个良好平台,进而为大学生创业实践的开展奠定坚实的基础,促使高校的创业教育课程不管是从理论上看,还是从实践当中分析都能够保证其课程体系的完整性,为大学生创业成功提供良好的知识与能力保障。其三,要改革人才培养方式,就是要立足于创业者,综合考量其应该具备的素养、知识及能力,制定创业教育教学实施办法,选择有利于实施创业教育的途径。

（三）建立校园创业服务体系

高校需要做到以下几个方面:其一,在制定有关政策时,一定要发挥其对于学生创业的激励作用,使其成为一种创业制度。其二,依托校园局域网,强化校园创业信息服务网络建设,为大学生创业提供信息咨询服务,这些信息主要涉及创业项目、创业资金、创业导师、创业资源、创业政策等,借助网络这一平台,可以保证大学生创业群体交流与沟通的畅通性,有助于创业大学生集体归属感的提升,营造良好的校园创业文化氛围,实现大学生创业意识的强化。其三,通过构建大学生创业指导中心,为创业团队提供有关办理工商注册、税务登记,提供物业管理、法律、企业管理咨询等方面的服务;负责宣传最新的成果,对外承接各类课题和业务;借助创业奖励基金,对入驻创业团队加以评审管理,并从中选择相对优秀的团队给予一定的支持;在成熟的团队与地方创业基地之间牵线搭桥,帮助其做好入驻工作;为创业团队提供公共设施服务,主要包括洽谈室、会议室及培训教室等;帮助创业团队疏通融资渠道,力争获得与之有关的扶持资金、专项贷款及风险投资。其四,构建大学生创业园区,使大学生能有一个实践基地开展创业活动,大学生的创业素质得到拓展。实现大学生创业服务体系的逐步完善。

（四）加强创业教育的理论研究

我国建设创新型国家这一目标的提出,使我国创业热潮发展迅速且形势喜人,国内高校对创业教育的认识也在不断深化,越来越多的人开始将关注点放在创业现象上面,学术界也对创业教育规律及其实践进行了深入研究,并且国际交流与合作不断加深。越来越多的国内高校开始建设创业教育研究中心,并且依托自身优势确定了相对稳定的研究方向,例如,中国社会科学院将研究重点放在了中小企业创业问题的研究上面,清华大学将研究方向划定为中国 GEM 报告和高科技行业创业研究,中山大学则将关注的目标投向了家族企业和产业集群创业,吉林大学研究的主要方向是创业融资,中国人民大学则基于企业创业力和创业战略层面展开了一系列研究,浙江大学立足于心理学和组织行为学视角对创业行为进行研究等。综上所述,从当前来看,我国的创业研究氛围较好,但是存在一个共性问题,就是现有的研究更多将重点放在对于创业过程中遇到的一些问题的分析与研究上面,而忽视了对不同类型高校开展有效创业教育的途径及采取何种方式推进创业教育的过程和进行效果评价等问题的研究。这方面的很多研究成果其实是对于西方发达国家经验的一种借鉴,并没有实现与中国社会发展及高校办学实际的结合,这种研究成果是脱离具体实际的,并不能对实践进行有针对性的指导。正因如此,我国创业教育研究还处于起步阶段,还存在一些有待涉足的研究领域。就理论研究而言,其不单单是对于实践经验的总结,还对实践拥有极其重要的指导意义,因此,我国要下大力度深化创新业教育理论研究,高校通过制定规章制度来促使广大教师与科研人员积极投身创业教育研究当中,与此同时,在研究的时候要注重校际、校企之间的协同与合作,进一步扩展研究的范围与领域,促进研究成果在创业实践当中的应用,积极发挥理论研究对于实践实施的促进与指导作用,并且在创业实践当中不断扩充与深化理论研究。

二、完善大学生创业教育模式

（一）大学生创业教育模式的内涵

1.大学生创业教育模式的含义

高校创业教育模式是为了达到创业教育目标而形成的方法,其能保持教育系统的相对稳定,高校创业教育模式应是高校人才培养模式的一个子类。在高等教育系统中,为了实现创业教育的目标而实施的各项措施包含对高校资源的有机整合。按照常理来讲,高校人才培养模式是以一定的现代教育理论、教育思想为指导,根据设定好的人才培养目标和人才规格,运用比较稳定的教学方法,实施人才教育的过程的总和。总结为一句话,高校人才培养模式就是培养目标、过程与方式。在高校人才培养模式下构建的高校创业教育模式不仅满足高等教育对人才培养的现实要求,而且能够不断推动人类的进步和发展。

2.大学生创业教育模式的特征

(1)生态系统性。在高校创业教育活动的实施过程中,包括整个教育系统的各个环节都要符合这一特征。

(2)适切性。高校创业教育模式一定要与地方经济和高校的专业特色相匹配,凸显自己学校的特色。

(3)多样性。高等教育系统下的高校各具特色,其水平、层次、类型等都不一样,即便是同一层次的学校也都有各自的特点。随着社会的多元化发展,高校也趋于多样化发展,高校应该从实际出发,探索形成创业教育模式的多样性,从而适应学校和社会的发展。

3.大学生创业教育模式的类型

(1)学生竞赛项目导向模式

这种模式以组织学生参加各种创新创业竞赛为载体实施创新创业教育,提高学生创新创业能力。本科生通过参加竞赛类活动可以在很大程度上增强他们对于知识的渴求,他们会更加积极主动地去探求知识,除此之外,还能培养他们的团队意识,培养他们团结互助的精神,通过竞赛活动还能促进理论与实践的有机结合。

(2)教师科研导向模式

这种模式促使一些优秀学生参与到教师的科研活动中去,从而培养学生的创新思维,提高创新能力,尽早开发他们的科研潜力。在教师的科研团队中可以根据实际情况吸纳一些正在接受本科教育的学生,特别是年级比较高的学生来协助教师完成基础的项目调研工作。

(3)自主创业模式

自主创业模式是指大学生在学校提供有利条件的基础上,依靠自身要素实现创办产业、解决就业问题的教学改革模式和人才培养模式。一般来说,大学生自主创业是在校内外就业导师的指导下,进行创业的一系列活动。大学生自主创业可减轻社会就业压力,使自己运用学到的知识,提高自己的竞争力,使自己能够在激烈的竞争环境中取得胜利。

(4)校办企业吸纳模式

校办企业除了获得利益之外,常具有社会服务功能,如学生实习实训、科研开发等。从具体操作上来说,校办企业可以让在校大学生在企业内部展开实习或者给他们安排一些正式员工的工作,如果这些学生在工作过程中表现得很出色,可以给予他们一些鼓励,如工资增加、职位提升等。一些规模较小的服务型校办企业,可试着让学生进行自主经营,让他们体会企业的运行模式、管理模式和营利模式,并探索所有权和经营权分离的改革路径。

(5)课堂拓展模式

这个模式强调创新创业教育不止限定在课堂教学上,更重要的是要延伸到课外活动中,通过课外拓展活动提升大学生创新创业能力,并为以后的创新创业做好铺垫。

除以上这些模式外,大学生创业模式还有社会就业导向模式、考研导向模式、大学生导师全程模式等。

(二)完善大学生创业教育模式的措施

1. 树立正确的创业教育观念

第一,对创业教育的本质有一个清晰的认知。从本质上来看,创业教育就是培养大学生的创业思维,并不是创办企业这种行为。大学生的创业思维和行为方式可基于多种组织加以实施,如中小企业、大型企业、公益组织、盈利组织等,哪怕是狭义上的创业,其形式也是丰富的,并不仅仅是创办一个新的企业。此外,对高校开展创业教育的动因并不只是一种为了缓解就业压力的逼迫行为,而是一种为了跟上时代发展和教育改革的步伐,满足经济社会对人才培养的必然要求的一种自发行为。

第二,高校创业教育的首要目标是培养大学生的创业精神。创业教育的目的在于实现大学生的进步,培养他们的创业意识和创新精神,提高他们的创业能力。高校创业教育的核心目标是培养大多数学生的创业意识和创业精神,提高他们的创业能力,这主要是为了他们在将来的就业过程中能够实现自己的人生价值,并超越自己。

第三,重视物质利益以外的创业教育。创业教育不是创业投资,其效果亦不能以创业投资的标准权衡。虽说创业教育本质上不受物质利益的限制,但是实践表明,大多数高校创业教育课程的开设还是基于物质利益的考量。创业教育并不只是为了创造财富,不可否认,创业是推动社会经济发展的重要力量,但是过多地把创新创业作为经济发展的催化剂,不仅会违背创新创业教育的初衷,而且也实现不了经济发展的预期效果。此外,高校不仅要向学生传授创新创业知识,也要针对性地培养学生创业批判意识,这样才能让他们洞察创业过程中的风险,认清创业的本质。

第四,树立"鼓励创新、宽容失败"的价值观。创业具有高风险性和不确定性,其结果有可能会成功,有可能会失败。高校创业教育管理者和教师在教育过程中要注意创新气氛的营造,还要注意培养学生养成宽容失败的态度,切忌将创业的成败看得比天还大,只要努力了,无论结果如何,都要坦然面对结果,要让学生明白一次创业失败并不意味人生的失败,同时要让学生知道失败也会给人带来收获,亦是值得铭记的人生经历和经验借鉴。

2.完善创业教育教学和管理模式

(1)加强创业教育师资队伍建设。教师队伍要专兼结合,不仅要强化校内专职教师队伍,还要聘请一些校外行业企业兼职教师,促进校内外、专兼职、学界和产业界的互相结合,形成创业教育的教师、讲师、导师"三师制"。

(2)创新教学方法和手段。在创业教育课程教学中,为了培养学生的创新思维,除了一些常用的教学方法,如小组讨论、案例分析、头脑风暴等,还要不断开拓新的教学方法和手段,如模拟游戏、角色扮演、行为项目、创业实训等。通过创新的教学方法和手段,实现培养创新思维、引导创业行为的教学目的。

3.培育浓厚的校园创业文化

校园创业文化的价值是培养学生自立自强的意识,培养他们的创新精神,提高他们的竞争能力,通过营造创业文化氛围来实现这个目的。优秀的创业文化是一种特殊的意识形态和价值取向,其既有助于培养学生的创业精神,提高他们的创业能力,又能帮助他们实现自己的人生价值,实现自己的人生目标,超越自我。

要想创造优秀的校园创业文化,首先,要摆脱传统教育思想的束缚。在传统教育观念下,创业教育只不过是"正规教育"的附属品,没有得到教育界的重视,没有给创业教育提供发展空间。所以,各级教育工作者应该摆正态度,扭转观念,应该认识到创业教育对于大学生发展的重要性,将创业教育融入教育教学体系中去,使创业教育与专业教育有机结合起来,才能推动学生的全面发展。除此之外,还要在校园中营造校园创业文化氛围,学校还要鼓励学生进行创业,提高学生创新创业的思想意识,同时要向学生传达鼓励尝试、容忍失利的心理认知,营造良好、宽容、向上的创业文化氛围。其次,要对高校创业教育的体制机制进行创新和改革。体制机制创新对于创业文化其他内容的落实起着决定性作用。如果创业文化建设没有了体制机制作为保障,就无法转变成现实的物质力量。所以,高校要非常重视创业教育有效机制的构建,学校要加大力度鼓励并支持学生进行创新创业,强化师资队伍建设,合理、科学地安排创业教育教学,多为学生提供一些创新创业实践活动,鼓励师生开展和参与具有创新性的科研项目和创业实践活动,通过鼓励和支持学生创业,会极大地调动大学生的创业热情,使学生愿意创业,勇于创业,通过创业能够更好地体现自己的人生价值,实现自己的人生目标,从而塑造他们勇于创业的人生观和价值观。

第五章　大学生创新创业与诚信

诚信品格历来为人们所重视,不仅社会政治、经济及精神生活中需要诚信,而且大学生就业创业也离不开诚信。因此,全社会应该高度重视诚信教育,正确、合理地引导大学生诚信就业。这对于整个社会的健康发展具有十分重要的意义。本章对大学生创新创业与诚信之间的关系加以论述。

第一节　诚信的基本内涵

一、诚信的定义

(一)诚与信

1. 诚

关于"诚",《中庸》中有这样的说法:"天地之道,可一言而尽也。"朱熹注曰:"天地之道,可一言而尽,不过曰'诚'而已。"(君子修养如同天地,而天地之道,可以用一句话说清楚,不过一个"诚"字罢了)就是说,万物之理可用一个"诚"字来高度概括。可见"诚"在中华民族传统文化中的地位与重要性。

(1)从字形上分析

诚,形声字,从言成声,由"言""成"两部分构成。言,语言、观念,引申为文化意识、主观认识、人的思维。成,浑然天成,是客观存在、客观真理、客观规律,"诚者自成也,而道自道也"(诚信是自身形成的,万物的规律是自发运行的。《礼记·中庸》)。成,又是成长过程,是万物运动、变化、发展的规律,"诚者物之终始,不诚无物"(诚贯穿了万物的始终,不诚就没有万物。《礼记·中庸》)。"言""成"和合而"诚",即"诚"的境界就是达到主观与客观、物质和意识、思维和存在、认识与实践的高度统一。可见古人用一"诚"字表达万物至理的良苦用心。

(2)从内涵发展上分析

诚,本义诚实、真诚。《礼记·中庸》说:"诚者,天之道也,诚之者,人之道也。"(诚信是自然的规律,追求诚信是做人的规律)认为"诚"是天的根本属性,努力求诚以达到合乎诚的境界则是为人之道。又说:"诚者物之终始,不诚无物。"(诚贯穿了万物的始终,不诚就没有万物)认为一切事物的存在皆依赖于"诚"。孟子说:"是故,诚者,天之道也;思诚者,人之道也。"(因此诚信是自然的规律,追求诚信是做人的规律。《孟子·离娄上》)又说:"反身而诚,乐莫大焉。"(反躬自问,诚实无欺,便是最大的快乐。《孟子·尽心上》)他认为反省自己,已达到诚的境界,就是最大的快乐。荀子虽"不求知天",但也把"诚"看作进行道德修养的方法和境界。他说:"君子养心莫善于诚,致诚则无它事矣。唯仁之为守。唯义之为行。"(君子修养身心没有比真诚更好的了,做到了真诚,那就没有其他的事了,只要守住仁德,只要奉行道义就行了。《荀子·不苟》)这里把"诚"也视为道德政治的准则。还说:"夫诚者,君子之所守也,而政事之本也。"(真诚,是君子的操守,治理国家的根本)《大学》引申《中庸》关于"诚"的学说,以"诚意"为治国、齐家、修身、正心的根本。唐代的李翱融合儒、佛思想,以尽性或复性为"诚",认为人之本性原为纯善,但被情欲所蔽,因而必须去情欲,"复其性",使"其心寂然,光照天地"(心中清静无杂念,光明磊落照天地),达到"诚"的至静而又至灵的内心状态。北宋周敦颐以诚为人的本性;他在《通书》中说:"诚者,圣人之本,大哉乾元,万物资始,诚之源也。"(诚是圣人立身的根本,偌大的世界,万物起始的凭借,在于诚的源头)他认为,"诚"为一切道德的基础,"五常之本,百行之源"(仁、义、礼、智、信是五常的根本,同时也是一切行为的出发点);君子"惩忿窒欲,迁善改过"(惩戒愤恨,消除贪欲,改正错误,向善转变),而后能达到"诚"的境界。程朱学派认为"诚"是天理之本然。朱熹说:"诚者,真实无妄之谓,天理之本然也。"(诚就是实实在在没有虚假的说法,这是天道根本的样子啊。《四书集注·中庸注》)永嘉学派的叶适则把"诚"解释为客观存在的规律,说:"是故天诚覆而地诚载,惟人亦然,如是而生,如是而死。君臣父子,仁义教化,有所谓诚然也。"(《叶适集·进卷·中庸》)明清之际的王夫之,提出"诚与道,异名而同实"(诚和道,说法不同,实质是一样的)。他所说的"诚"是表示客观世界具有的客观规律。有时他又把"诚"直接解释为"实有",用以说明物质世界的实在忹,说:"夫诚者,实有者也,前有所始,后有所终也。实有者,天下之公有也,有目所共见,有耳所共闻也。"(诚本来就是客观存在的东西,前有开始,后有结束。原来就客观存在的,是普天下的人共同拥有的,大家有目共睹,有耳共闻。《尚书引义·说命上》)

(3)从现代理念上分析

到了现代,马克思主义伦理学批判地继承了"诚"这个范畴,肯定诚实是社会公德中的一个重要规范。在长期的社会生活中,诚实主要的道德要求逐渐明晰为忠诚、正直、老实。忠诚的主旨是对祖国、对人民、对正义事业的忠诚。当然这种忠诚不是盲目和狭隘的"愚忠",而是认同崇高的理想,为实现理想而不懈追求、努力奋斗,从而表现出乐于奉献、勇于牺牲的精神;正直是指为人正派,处事公正、坦率;老实则特指说老实话、办老实事、做老实人。诚实的人能忠实于事物的本来面目,不歪曲、不篡改事实,同时也不隐瞒自己的真实思想,光明磊落,言语真切,处事实在。诚实的人反对投机取巧,不会趋炎附势,从不弄虚作假,绝不吹拍奉迎,不屑见风使舵,耻于争功诿过,厌恶口是心非。

2.信

关于"信",《论语·子路》中有这样的记载:"定公问:'一言而可以兴邦,有诸?'"(鲁定公问:"一句话能使一个国家兴旺起来,有这样的事情吗?")当时孔子并没有直接说出答案,而是用智慧、用辩证法进行分析。唐代刘禹锡的回答是:"古所谓一言兴邦者,信哉!"就是说兴邦的根本在于信,君也信,臣也信,民也信,天下信一(统一信仰),则天下可治、国家可兴矣。

(1)从字形上分析

信,会意字,从人从言,原指祭祀时对上天和先祖所说的诚实无欺之语。"人"与"言"并立,意即人要言行一致,言必行,行必果,一言既出,驷马难追,人无信无足立于天下。在人的社会实践、人际交往层面,立下的协议、做出的承诺,要无条件地、不找任何借口地去执行、兑现。子曰:"人而无信,不知其可也。"(作为一个人却没有信用,不知道他有什么可以立足于世的东西!《论语·为政》)

(2)从内涵发展上分析

信的本义是真心诚意,信也是中国伦理思想史的范畴。"信"的含义与"诚""实"相近。春秋时期随国大夫季梁说"忠于民而信于神"(忠于人民,取信于鬼神)、"祝史正辞,信也"(祝官史官老老实实向神灵祭告,就是信)。后来由于私有经济和私有观念的发展,原有的纯朴被逐渐破坏。国与国、人与人之间的交往不得不订立誓约。但誓约和诺言的遵守仍然要靠天地鬼神的威慑力量来维持。春秋时期经儒家的提倡，"信"开始摆脱宗教色彩，成为纯粹的道德规范。孔子认为"信"是"仁"的体现，他要求人们"敬事而信"（严谨认真地办事又恪守信用），说"信则人任焉"（诚信就能得到别人的任用）。孔子和孟子都将"信"作为朋友相交的重要原则，强调"朋友信之"（让朋友得到信任）、"朋友有信"（朋友之间要有诚信）。而历代当权者大都将"信"作为维护秩序的重要工具。《左传·文公四年》中说："弃信而坏其主，在国必乱，在家必亡。"认为背弃诚信损害国君的信誉，这样的事情发生在诸侯国中，这个诸侯国一定会发生动乱，发生在大夫的官府里，这样的大夫必定灭亡。《吕氏春秋·贵信》对社会生活中的信与不信之后果进行了淋漓尽致的剖析，认为"君臣不信，则百姓诽谤社稷不宁；处官不信，则少不畏长，贵贱相轻；赏罚不信，则民易犯法，不可使令；交友不信，则离散郁怨，不能相亲；百工不信，则器械苦伪，丹漆染色不贞，夫可与为始，可与为终，可与尊通，可与卑穷者，其唯信乎！"（认为国君和臣子不诚信，那必然会激起百姓的批评，社会就不得安宁。做官不诚信，那么年轻人就不尊重年长的人，地位高贵的与低贱的就互相轻视。赏罚不诚信，那么百姓就会轻易犯法，政令无法使他们服从。交友不诚信，那么朋友之间就没有凝聚力，互相有怨恨之心，不可能彼此亲近。工匠不诚信，那么手工产品质量粗糙，以次充好，红漆等颜料也就不纯正。人们可以跟它一同开始，可以跟它一起终结，可以跟它一同尊贵显达，可以跟它一同卑微困厄的，大概只有诚信吧！）汉代董仲舒将"信"与仁、义、礼、智并列为"五常"，视为最基本的社会行为规范，并对"信"进行较详尽的论述，他认为"信"要求诚实、表里如一、言行一致。朱熹提出"仁包五常"（仁是包括仁、义、礼、智、信五常的），把"信"看作是"仁"的作用和表现，主要是交友之道。他说"以实之谓信"（用诚实来表示诚信）。其说法与孔子、孟子基本相同。在儒家那里，诚与信往往是作为一个概念来使用的。"信诚也"，"诚"与"信"的意思十分接近。可见，传统伦理将诚信作为人的一种基本品质，认为诚实是取信于人的良策，是处世立身、成就事业的基石，是一种个人的生活准则。

（3）从现代理念上分析

随着人类文化的不断发展，"信"这个字在今天拥有了极其丰富的内涵。它可能是人类认识中最为复杂、最难以捉摸的概念之一。一些事物仅仅存在于人们的头脑中，在所有这些事物中，没有哪一件比"信"更加微妙；"信"从来不是强迫性的，而是自觉自愿的，依赖于期望与担心这样一些感情；"信"常常不用争取而自行出现，又总是无缘无故地消失；而且"信"一旦丧失，就很难完全恢复……"信"在很多场合就如同人们靠管理国家的才智及战场上的勇猛和指挥才能赢得的声誉与名望。精明强干的政治家，会因为一些偶然事件，一时失误或运气不佳而名誉受污，失去众人的爱戴,但是只要他有卓越的才能、真正的本领,名誉迟早会恢复。同样,"信"虽然会暂时黯然失色,在困境中挣扎,但是只要它有可靠而坚实的基础,在某种程度上也能够得到恢复。

对"信"的真正含义的认识,仁者见仁,智者见智,可以从不同的角度进行探究。从伦理道德层面看,"信"主要是指在参与社会和经济活动的当事人之间建立起来的、以诚实守信为道德基础的"践约"行为。从法律层面来看,《民法通则》中规定"民事活动应当遵守自愿、公平、等价有偿、诚实信用的原则"[①];《合同法》中要求"当事人对他人诚实不欺,讲求信用、恪守诺言,并且在合同的内容、意义及适用等方面产生纠纷时要依据诚实信用原则来解释合同"。[②] 从经济学层面来看,"信"是指在商品交换或者其他经济活动中授信人在充分信任受信人能够实现其承诺的基础上,用契约关系向受信人放贷,并保障自己的本金能够回流和增值的价值运动。

(二)诚信

诚信作为中国传统道德中的一个重要内容,最终成为影响深远的为人处世、维护社会秩序的道德观,经历了产生、发展、逐步确立的时期。其萌芽于春秋,先秦时逐渐确立为一种修身立命的实用价值观。

在中国传统文化中,"诚""信"是互训的。《说文解字》记载:"诚,信也,从言成声。""信,诚也,从人言。"诚是信的基础,信是诚的体现。同时,两者互为依托,相辅相成。

"诚信"一词,最早出现在战国时期的书籍《管子·枢言》里,如"先王贵诚信。诚信者,天下之结也",认为诚信是治理天下的关键。此后,"诚""信"开始逐渐被人们合二为一地加以论述。如西汉时期的《盐铁论·世务》一书中提出"诚信著乎天下"。唐代吴兢在《贞观政要·卷五诚信第十七》中说"君之所保,惟在于诚信。诚信立则下无二心",指出了君主诚信的重要性。隋唐时期的思想家将"诚信"作为一个统一的道德规范加以论述,促进了传统"诚信"观的进一步完善。诚信逐渐成为社会的主流价值观而备受重视,成为人们所遵循的共同价值标准和行为准则。长期以来,诚信思想也一直影响人们的价值取向和人生追求,成为中国传统道德之一,并延续至今。

诚信是人生修养的重要道德规范。自先秦以来,历代思想家们都对诚信给予

---

① 中国法制出版社. 中华人民共和国民法通则[M]. 北京:中国法制出版社,2013.09.
② 刘玮,孙晔. 论合同法中的诚实信用原则[J]. 辽宁师专学报(社会科学版),2010(06):137-140.

了积极的评价和肯定,并从不同角度、层面加以论述,把诚信作为道德的本源加以论述。近代思想家谭嗣同曾说"万善之首必曰信"(《遗墨三篇》)。古代思想家认为,诚信是一种根本性的道德,是其他一切美德的基础。《左传·文公元年》记载:"信,德之固也。"因此,诚信被列入诸多的道德条目中。

综上所述,所谓诚信,指的是"诚实守信"。"诚"即内外一致,表示真心,实在;"信",即言而守信,表现为诚实、不欺、信任。诚信结合在一起表明诚恳老实,有信无欺。它包括两层含义:一是要以信用取信于人;二是对他人要给予信任。诚信体现了对人的尊重,对约定的严格遵守,正是缔约双方相互尊重的前提。诚信是一切道德的基础和根本,是人之为人的最重要的品德,是一个社会赖以生存和发展的基石。

(三)诚信既是个体品格,也是人格特质

诚信的内涵丰富多彩,决定了诚信的性质、类型和价值等的多样性,它是一种客观的社会现象。科学地解释这一现象,有助于我们更好地把握诚信这一概念,形成诚信品格。

1.诚信是个体品格

诚信是个体的品格,国内外关于诚信的含义均有此意。诚信,从根本上说是一种人品修养,是做人的根本准则。关于这一点,我国古人早有论述。《春秋谷梁传·僖公二十二年》说:"人之所以为人者,言也。人而不能言,何以为人?言之所以为言者,信也。言而不信,何以为言?"孔子提出"民无信不立"。荀子把是否有"信"作为区分君子与小人的重要道德标准;甚至在人们认为充满诡道的《孙子兵法》中,孙子也将"信"与"智、仁、勇、严"一起,作为将帅必须具备的基本道德。诚是人的内在品德,它包含了对自己良心的不欺,在无人监督或可以不受舆论谴责的情况下,真心实意地加强个人道德修养,存善去恶,言行一致,表里如一。信是诚的外在表现。人诚于内必显于外。心有诚意,口则必有信语,对他人不存诈伪之心,不说假话,不办假事,开诚布公,取信于人。诚信即诚实守信,能够履行承诺而取得他人的信任。

诚信品格是个体后天养成的,是个人与社会、心理和行为的辩证统一。如果说"诚"强调的是个人内心信念的真诚,是一种品行和美德,那么"信"则是诚这种内在品德的外在显现,是一种责任和规范。在中国历史上,就有"诚于中而信于外"的说法。诚信不仅是一种道德目的,是人们应当具有的一种信念,而且也是一种道德手段,是人们应当承担的一种社会责任和谋取利益的方式。诚信,既可以是价值论和

功利论的,又可以是道义论和义务论的。价值论和功利论的诚信观把诚信作为一种价值和实现目的的手段,认为人们如果不讲诚信就无法实现自身的发展和完善,也很难取得长久而真正的利益。道义论和义务论的诚信观则把诚信视为一种应尽的义务和内在要求,认为人们讲求诚信是提升自身素质和实现全面发展的需要,讲求诚信哪怕不能带来物质上的利益,也仍然是弥足珍贵的。

2.诚信是人格特质

将诚信理解为个人人格特质的表现,是一种经过社会学习而形成的相对稳定的人格特点。其代表人物有心理学家罗特、怀特曼等。他们认为,一个人的生活经历和对人性的看法会使他(她)形成对一般性的他人的可信赖程度的概化期望(generalized expectancy)或信念。有的人倾向于信任他人;有的人则倾向于怀疑他人。因此,诚信人格特质是个体先天和后天的"合金"。持这种取向的学者编制了很多量表来测量人们在人际信任特质上的个体差异。

人格研究的词汇假设观认为,人类语言中应包含人类所有的特点。只要人们表现出某一特点,在语言中就会有一个词来描述。这一特点与人类的生存关系越密切,描述它的词语就会越丰富、越精确。因此,自然语言中蕴含了人类人格结构的模型及所有的人格特点,语言于是就成了人格结构的描述者。既然人格是人类稳定的行为模式,因此,如果从语言中挑出所有用于描述人们稳定的行为特点的形容词(它们代表了人们所有的具体行为特点),并加以分析研究,就能揭示人格结构的维度。正如约翰·昂莱特纳和奥斯滕多夫所说:"对从自然语言中获得的人格词汇进行分析就可以得到一组数目有限的特质,用以代表在这一语言背景下人们行为的最重要的特点。[①]"大多数的人格特质都将通过编码进入自然语言中去,因此,通过对自然语言的分析与缩减,能揭示诚信心理这一人格特质的基本维度。人类诚信的形成和发展总是受历史文化、经济社会发展的影响。诚信心理结构应具有稳定性和发展性特点。

事实证明,Ashton 和 Lee 等人在五因素人格模型的基础上,发现了一个新的人格维度——诚实,之后发展成"诚实—谦虚"因素。随后,诚信被作为一种人格特质,与其他"五因素"共同命名为"六因素人格模型"(或 HEXACO 模型)。之后的许多研究证实了在人格结构中,诚信作为独立因素的重要性。对于不同文化,诚信的内涵是有所不同的,因此中国人诚信人格特质的探索应以中国文化为背景。陈

---

① 吴继霞. 诚信品格的养成[M]. 合肥:安徽教育出版社,2009.

劲用人格词评定法对古代和现代中国人的诚信心理结构进行研究：因素分析得出古代中国人诚信结构包含正性取向和负性取向，其中正性取向有五个维度，即义、敬、真、仁、勇；负性取向有四个维度，即虚滑、欺诈、轻妄、奸狡，并且认为中国传统文化心理思想，尤其是儒家思想，与古代中国人的诚信心理结构有紧密的联系。对现代中国人诚信心理结构从自评和他评两个相关的方面进行测量，最后得到四个正性取向因素，即严谨性、宜人性、友善性和公正性；四个负性取向因素，即虚假、自私、世故和钻营。① 通过与中国人"大七"人格做比较分析，揭示出"严谨性"与"行事风格"，"友善性"（"虚假"）与"善良"的直接对应关系；"宜人性"（"自私"）与"人际关系""情绪性"，"公正性"（"世故"）与"处世态度"，"钻营"与"才干"的间接对应关系。

　　已有研究得出了较好的结果和解释，但是仍存在几点不足。首先，在人格词的选取方面略有缺憾。虽然研究者采用了客观的预测方式选取人格形容词，但一方面与"诚信"有明显关系的词没有被选取，如欺骗的、说谎的；另一方面，部分词与"诚信"特点关系不密切，如傲慢的、夸夸其谈的。这些因素可能影响实测问卷的信效度。另外，探索性因素分析结果的效度有待提高。陈劲的研究结果分别得到四个正性取向和四个负性取向的维度，解释率分别为50.01%和48.67%。另外每个因素上，有些人格词的分布不统一，因此对某些因素的解释命名存在一些误差。因此，关于诚信人格特质的研究今后我们仍将进一步进行探索。

二、诚信对于大学生创业的重要意义

（一）诚信是构建社会主义和谐社会的重要内容

　　在中国共产党第十八届中央委员会第四次全体会议通过的《中共中央关于全面推进依法治国若干重大问题的决定》中，强调，要"加强社会诚信建设，健全公民和组织守法信用记录，完善守法诚信褒奖机制和违法失信行为惩戒机制，使尊法守法成为全体人民共同追求和自觉行动"。大学生作为祖国未来，他们的诚信状况，尤其是创业过程中的诚信状况对我国和谐社会的构建具有重要意义。首先，大学生创业诚信对整个社会的道德建设具有重要意义。大学生在同龄人中是思想道德素质相对较好，文化水平相对较高的群体，对整个社会的诚信建设具有表率和示范作用。重视大学生创业诚信并引导他们树立正确的创业观，不仅有益于大学生自

---

① 吴继霞. 诚信品格的养成[M]. 合肥：安徽教育出版社，2009.

身的发展,而且对整个青年一代也会起到良好的榜样作用。在每一个家庭中,作为孩子的大学生对家庭成员的影响是相当大的,而每一个家庭又是整个社会的基本组成元素,每个家庭的思想道德素质直接影响整个社会的道德情况。据此,大学生的创业诚信状况会影响整个社会的道德建设状况。其次,大学生创业诚信对我国的社会主义市场经济建设同样具有重要意义。市场经济是发达的商品经济,它的基本特点和功能就是通过交换来实现社会范围内的资源优化配置。而商品交换又是两个具有独立经济利益的主体之间在平等自愿的基础上达成的契约关系,交换双方必然要求彼此履行相应的承诺,讲求诚信。任何一方出现诚信缺失,交易都不能持续正常进行。长此以往,必然会造成市场经济秩序的混乱,最终影响市场经济的健康发展。随着大学生创业的市场化,大学生日益作为我国社会主义市场经济建设中的一个重要群体,他们是否讲求诚实信用将对市场经济产生重要影响。如果他们在创业过程中不能做到诚信创业,势必会影响我国的社会主义市场经济建设步伐。

(二)市场经济决定了大学生创业诚信教育的必要性

市场经济与诚信原则有着不可分割的联系。在市场经济中,"诚信"是一种准则,一种道德规则法律化,在市场活动中,讲信用、守诺言是人们无论是在行使权利还是履行义务上都应该遵循的原则,不损害别人的利益和社会的利益是追求自己个人利益的前提条件。缺少了诚信,市场经济就很难健康持续地发展下去。有人说,"诚招天下客,誉从信中来",由此可见诚信在市场中发挥的重要角色。诚信是保障市场经济秩序运行的前提,维护了市场经济的健康发展。世界经济发展的历程也证明,一个没有诚信机制的市场是不可能实现健康发展的。另一方面,在社会主义市场经济时期,诚信仍然是社会正常运行的道德伦理基础。法律规则和道德伦理构成了市场经济的前提。英国古典经济学家亚当·斯密说,没有公正就没有市场经济。现代市场经济体制是建立在诚信基础之上的契约关系。市场经济不仅需要法律来维持,更需要市场经济中各个部门和行为主体主动遵守诚实守信的原则。高校毕业生创业市场是我国市场经济活动的一个微缩部分,它的信用体系建设将直接影响整个社会的信用状况。

随着社会主义市场经济体制的建立和日益完善,高校扩大招生规模,越来越多的学生有机会走进高等院校接受教育,他们是年轻一代中最受人瞩目的一个群体。大学生职业生涯从"包分配包创业"的模式转变为现阶段的"自主创业"或"灵活就业","诚信"所发挥的作用就更大了。亚当·斯密曾指出:"自爱、自律、劳动习惯、诚实、公平、正义感、勇气、谦逊、公共精神以及公共道德规范等,所有这些都是人们在前往市场之前就必须拥有的。"①由此可见诚信在大学毕业生准备进入社会施展才华时的重要性。我国曾实行的计划经济体制导致政府信用泛滥,忽略了个人信用,这对大学生的影响根深蒂固。思想较单纯的大学生,容易受到旧思想的束缚,在当今竞争日益激烈、讲求契约的市场经济社会中,对他们进行诚信教育与引导是很有必要的。讲诚信,对于大学生创业来说往往会有事半功倍的效果;反之,则事倍功半。因此,研究当前我国高校毕业生创业诚信问题是适应当前社会主义市场经济条件下的必然要求。

第二节 大学生创业过程中的诚信现状分析

一、当前大学生诚信状况总体分析

(一)当代大学生诚信缺失的表现

总体来说,当代大学生能够做到诚实守信,其思想道德主流是积极向上的。但随着社会和经济的发展,大学生诚信缺失的事件不断发生,主要表现在以下几个方面。

1. 学习诚信缺失

如今大学生考试作弊,抄袭作业,抄袭毕业论文和在评奖评优上,各种信息的弄虚作假等现象时有发生,而且随着社会和科技的发展,大学生作弊出现了新的特点:一是作弊队伍不断壮大。考试作弊、抄袭论文等不仅是差等生的"专利",许多学生干部和优秀学生为奖学金和评优也加入作弊的行列。二是作弊手段不断翻新。由过去的夹带小抄发展到替考、手机发短信等,甚至出现了帮助学生作弊的考试专用笔。三是作弊心态发生了变化。过去学生认为考试作弊是不光彩的事情,所以作弊时偷偷摸摸,而现在学生面对作弊时却十分坦然,好像考试作弊、抄袭论文是理所当然的事情。

① 颜咏. 大学生职业道德[M]. 北京:北京理工大学出版社,2007.

2.生活诚信缺失

主要表现在：一是助学贷款违约现象严重。有许多学生毕业后以种种借口拖欠贷款不还，甚至以隐瞒工作单位、联系地址等方式逃避还贷。二是弄虚作假，骗取特困生补助。有些学生家庭经济并不困难，但为了获取补助，出具虚假的经济困难证明，给学校的特困生认定工作增加了难度。三是故意拖欠学费。四是同学之间不讲信用，欠钱不还。

3.就业诚信缺失

学生在就业时不如实向用人单位介绍自己，给简历"注水"，提供虚假的推荐材料。有的学生随意违约，毕业后，由于求职心切，就漫天撒网，向许多用人单位投递简历。遇到愿意接受的单位，往往欠缺周详考虑就仓促签约，但又不安于现状，仍继续寻求，发现更好的单位，就违约另签约，不但损害了学校的声誉和形象，而且损害了用人单位的利益，造成了大学生择业与创业的混乱局面。

4.政治诚信缺失

投机取巧，追逐名利。在评奖评优上，在入党、竞选干部、保送研究生等进程中，一些太学生不是靠实力去争取，而是想方设法请客送礼，投机取巧拉关系。思想上政治上不求上进。事实上，大学生对某些政治问题还不能做出较深刻的理性分析，对社会现象的批判仍存在着偏执和走极端的倾向，政治理想常表现出随意性，甚至动摇。凡此种种，显示出大学生政治社会化进程中仍存在诸多矛盾。主要表现如下。

（1）价值取向冲突，功利色彩较浓

由于社会转型时期市场经济的发展及多元化价值观念的影响，大学生正经历着世俗化的洗礼，表现出一种世俗性的成熟。一些大学生撇开了内在的、传统的道义型、精神型价值观念，而转向外在的、较为实惠的功利型价值观念，价值目标由理想主义向现实主义转变。在价值取向上趋于务实，在生活志向上趋于功利，信奉"利己不损人""既要向前看、也要向钱看"的观念，甚至导致人格扭曲，见利忘义。有的大学生在校学习的动力仅是为了"混得一张文凭，谋得一份理想的工作"，"谋求自己美好的生活"。

（2）政治理想不够稳定，政治兴趣不高

由于受社会不正之风和腐败现象的影响，一些大学生在政治思想上产生了困惑,理想信念发生了动摇,与政治文化保持着一种不远不近的游离状态,政治追求上表现出随意性或感到无所适从,有的甚至发生信仰危机。同时,由于高等教育由往日的精英教育逐步过渡到大众化教育,大学生以往的优越感逐渐淡化,加之学习、创业的压力增大,以致对参与政治活动的热情大为减退。这样的状态直接影响对大学生政治上的系统培育和塑造大学生政治人格的力度和效率,不利于大学生政治社会化的完成和实现。

(3)政治鉴别力不强,盲目参与政治活动

当代大学生的思维能力虽然有了一定的发展,但由于其自身思维的批判性与认识事物的狭隘性,在政治思维方式上仍存在一定的缺陷,政治鉴别力较弱,对社会现象不能做出较深刻的理性分析,往往陷入"想当然"的境地,或是把社会政治问题看得过于理想和完美,看问题非此即彼,缺乏辩证观点。虽然,不少大学生对国内外一些重大政治事件、政治问题和某些社会现象给予了关注,对于一些政治活动表现出一定的参与意识,但实际上并没有相应的行为投入,即使参与,目的性也不够明确,往往容易随波逐流,人行我效,甚至出现与认知相反的行为。

5.经济诚信缺失

部分学生恶意拖欠学费,部分毕业生不还助学贷款。大学生在经济信用的主流意识是好的,应该说大多数的学生都有良好的道德修养。国家的助学贷款,本是为贫困大学生解决上学的问题而设立,但部分大学生信用缺失,恶意逃避还贷。这样一些问题的出现,说明在大学生诚信培养的质量上存在着很大的不足,无法从根本上遏制大学生失信行为,也无法使之形成诚信品德。但在利益面前,诚信有时难免脆弱。虽然诚信归根到底是一种道德义务,但道德义务的实现并不单纯依赖于道德本身的力量,而是需要一个外在的约束机制来调整和控制这种道德价值的取向。在一个法制昌明的社会,诚信体系之所以健全是由于制度对诚信的反面——不诚信的约束力太强大了。一个人完全置道德义务于不顾,便无法承受违反这种道德义务所要面临的举步维艰的处境。因此,在很多问题上,对契约的遵守本身就能够保障道德的实现。

6.网络道德失范现象

网络为使用者提供了空间上无边界、时间上无限制、道德上无约束的环境,这使得一些人在网络提供的虚拟世界中陷入非理性的状态。大学生是使用网络的庞大群体,网络在给大学生带来丰富信息和知识的同时,也带来不少消极的影响和道德问题。例如,有些大学生利用自己的专业优势充当"黑客",非法盗用他人的账号、密码上网,非法进入他人的程序,偷看他人信件,抄袭他人论文,随便下载他人文件,利用网络传播虚假信息甚至开展欺诈活动等。

(二)当代大学生诚信缺失的原因

1.自身因素

(1)大学生个体对待诚信价值的认识存在偏差

现代大学生的性格里多多少少有一些浮躁,对于知识和周围的事情,往往不留心更加不求甚解,在认识问题的时候往往不能真正理解其本质,所以有些大学生没有正确认识到诚信的本质含义,单纯从某一方面出发去认识诚信,对诚信的理解流于表面,从而导致对其的认知出现了偏差。大学生即将步入社会,不但要面对社会中不同的人和事,更加要受社会大环境的熏陶,可由于我国社会诚信制度尚不健全,导致大学生诚信品德的养成缺少制度保障,同时对正处于价值观形成阶段的大学生来说,受到影响,难免出现偏差。比如在对信用要求最为迫切的一些行业,如金融行业等,其信用管理制度的建设都很不完备,其他一些企业中根本没有建立诚信制度或处于比较混乱的阶段,这就使得初入社会的大学生,受到社会大环境中不良风气的影响,难免对诚信的认知出现偏差,这是大学生认知能力上的问题,更是社会亟待解决的问题。

当今社会信息极大丰富,社会为各种思想的滋生和蔓延提供了十分有利的环境,大学生的辨别意识还不成熟,难免受到一些消极信息的影响,诚信意识不断弱化。有些大学生对待诚信理解呈片面化发展,却还以为自己的观点十分正确,青年人特有的反叛和个性,让他们固执己见,不听从他人的劝导和教育。他们中有一些人认为诚信只在市场运行中实践就好,有一些人认为在政府方面,把握好诚信的尺度就行,还有一些人认为诚信是别人的事,与己无关等。出现这些现象的原因,包括家庭因素、学校因素、社会因素,同时也离不开大学生自己对诚信价值的认识,高校大学生对自己的认知情况往往存在很大的困惑,不能正确认知自己的优缺点,往往会成为诚信意识缺失的原因之一。有些大学生往往自视甚高,觉得自己天赋异禀,对于自己的认知好似真理一般,同时自信过度,坚持自己对诚信的错误理解,也不理会旁人的劝解,最终导致个体对待诚信的行为出现偏差。

(2)大学生自身诚信修养不够

大学生是人生的黄金时期,也是人生中至真至纯至美的黄金时期。而诚信也是最容易且最不应该被大家忽视的美德,大学生应该把诚信作为人生中的一个坐标,要做老实人,说老实话,办老实事。然而,在当今社会,在市场经济的冲击和涤荡下,人们发现,诚信正在逐渐消退。尤其是部分大学生群体中,"拜金思想"日益滋长。"利益"取代了美德,同时诚信也让步于欺诈。在大学生的人生天平上,沉下去的一边是健康、美貌、机敏、才学、金钱和荣誉等,唯有"诚信"这边高高翘起。可见诚信变轻了! 据《中国青年报》的一次调查统计表明,在校学生中未说过假话的平均只有 6.2%,其中,大学生占 0.48%。① 随着大学生逐渐进入社会,他们的心理受到社会的影响,诚信随着年龄的增长而变得越来越匮乏。在大学校园里,大学生拥有很多自习时间来预习、复习课程或涉猎课外知识。但现在有很多学生把这些自习时间用来打牌下棋、上网聊天等,等到交作业时,借用其他人的作业则花了一二十分钟就完全抄袭过来草草了事。

对在校大学生思想状况进行调查中发现,诚信被视为一种道德情操,大学生则普遍对诚信有比较强的认同感。并且将诚信作为品质修养的重要方面。但在生活中,诚信并没有普遍内化到具体行动中去。而诚信作为对他人和社会的诉求,大学生表现出较强的渴望心理。但对于自己是否能做到,较多大学生则处于视情况而定的状态。对大学生而言,诚信主要是作为道德层面的东西而存在,尚未对大学生形成一种较强的契约意识。

大学生是祖国的未来,大学生的诚信意识关系到祖国未来和现代化建设的顺利与否,但在当代,孩子的成长往往受到家庭、学校、社会等多方面保护,经历较少,没有强烈的辨别意识,一些学生受社会转型期某些社会不良风气的影响,对诚信的理解难免出现错误认识。在那些因不诚信就要受到法律惩罚的领域里,他们会保持诚信。但在生活的其他方面,就会不受约束的撒谎、骗人,出现诸多不诚信行为。古人教育过我们"勿以恶小而为之,勿以善小而不为"。小的不诚信行为也是一种道德水平的缺失,当代大学生应该认识到它的危害性,严格要求自己,切实做到诚实守信。然而大学生对诚信的错误认识还体现在其行为上,有些人善于做一些模棱两可、打擦边球式的不诚信行为。在对待这些错误情况时,大学生应该保持高度警醒,不要随意放纵自己,要知道由俭入奢易,由奢入俭难,诚信一旦流失,再想约束自己就变得更加困难了。所以,要时刻加强个人修养。

诚信对人,诚信对己。诚信就好比天上的一轮圆月,唯有与皎洁相伴,才能衬托出对待生命的态度;诚信更像是高山上的流水,能够在浮动奢华的社会里,洗尽

---

① 陈立栋.大学生诚信缺失及其成因探析[J].文教资料,2008(02):217-218.

铅华,洗尽虚伪,显露出真诚。所以大学生应该提升自身的诚信修养,为社会风气的净化,尽一份自己的责任和力量。

随着我国经济的快速发展,在改善人民生活的同时,出现了一些拜金主义者,片面追求个人物质享受和投机发财等价值观念。大学生虽然知识层次比较高,信息来源也比较广,并且有较强的分析问题的能力,但大学生血气方刚,在他们的人生观和价值观尚未完全形成的时候,在受到社会上的不良风气影响和眼前利益的驱动下,大学生难免会效仿一些不诚信行为。尤其是刚刚离开父母步入大学的大一新生们,他们为了更好地适应大学生活,并会不自觉地向高年级同学、老乡和朋友学习。高年级同学的价值观和对事物的判断就会潜移默化地对低年级同学的价值观和人生观产生影响。并且他们对于作弊、造假、欺骗等不诚信行为不以为然的态度,就会使得那些大一新生们感觉到大学已不再是理想中的象牙塔,也不再是他们想象中的那方净土,加之社会生活中种种不诚信行为的负面影响,就更容易导致大学生诚信缺失的现象。

在今天市场经济的逐利原则下,人们成为市场行为的主体,常常违背诚信精神和道德信条,如果背信行为能使利益最大化,那么有人便会不顾一切抛开诚信道德原则,去追逐利益。在市场经济条件下,商品交易变化的多样性,市场的广阔性等种种条件,都为这种背信行为提供了生存和扩散的空间,这就使得一部分大学生在认识上产生了一种错觉,就是:市场经济不存在毫不利己专门利人的道德行为,然而不诚信已经成为一种合理的生存手段,"无商不奸"这句老话虽然存在偏颇,但也会在一定程度上影响大学生对商品经济的认识,尤其是大学生在生活中因狭隘的朋友之信上当受骗后,这种感觉就会更加强烈,并且在较大程度上限制了大学生对诚信的践行。究其原因主要有两点:第一,大学生对市场经济伦理内涵了解太少。第二,社会转型期间,道德体系的断层令学生无所适从,并且在社会转型期间,存在新与旧两种道德体系的碰撞,继承了其中一部分的大学生对此感到了迷茫,加之诸多客观因素的影响,使得大学生陷入了无法继承传统道德规范的现实局面。因此,更加严重的现象不断滋生,随着改革开放程度的日渐深入,我国经济发展不平衡,沿海一带发展较快,而内地相对落后的时期,出现了一批"勇者"。他们胆大妄为,注重把握时机,不论是自己的合作伙伴、竞争对手,还是国家法律的空子,他们都紧紧地把握住,使得自己即使不坚持诚信原则也能获得巨大利益。大学生的价值观正处于养成阶段,在巨大的利益面前十分容易迷失自我,更有甚者可能直接抛弃诚信和道德,形成一种害人害己的畸形价值观,重利而失德,甚至偏执地认为自己是对的。这严重影响了大学生自身价值观和道德观的形成,所以,在当代社会的各方面影响下,要时刻注重修正自己的行为,更要不断加强大学生自身的价值观和道德观的正确树立。

2.外部因素

(1)转型期多元文化的影响

随着改革开放的深入,越来越多的外来文化涌入中国,使得当代大学生在思想和行为上越来越显现出自身的主体性、自主性和创新性,但也为他们正确客观地认识和判断事物产生了一定的负面影响。形成了错误的人生观和价值观,诱发了拜金主义、实用主义、享乐主义和个人主义,导致了大学生诚信缺失现象的日益严重。对社会上存在的一些道德缺失现象缺乏判断力,不能正确认识和分辨,难以抵抗金钱和权力的诱惑,金钱至上、权力至上的思想使得一些人对金钱和权力形成了一种病态的追求,并在此驱使下,为了满足自己的私欲,从而抛弃公众和全社会的利益,偷奸耍滑、损人利己、见利忘义。

随着科技的发展,网络的普及,大学生早已不再是生活在象牙塔里的单纯学子,大学校园也不再是与世隔绝的世外桃源,诚信环境的恶化也对大学生诚信产生了极大冲击,影响大学生对于价值标准和道德的正确判断,对他们形成正确的价值观和人生观产生负面影响。在政治领域中,贪污受贿、虚构政绩、利用公款吃喝玩乐及送礼等;在经济领域,商家制假售假、坑蒙拐骗、偷税漏税等现象也时有报道;在文化领域,学术造假、假文凭、假博士院士、假职称,假广告等随处可见。在体育比赛中"赌球""黑哨"等;在食品安全方面,"地沟油""三聚氰胺奶粉""瘦肉精"等;在地产方面,"楼歪歪"等事件时有曝光,这种消极负面的环境,给当代大学生诚信意识的形成和诚信行为的培养形成了很大的阻碍。有些学生甚至错误地认为:在当今社会,讲诚信是傻子,老实人才干的事情;只有"没本事的人"才会践行诚信。2013年6月18日在北京召开中国共产党的群众路线教育实践活动工作会议。习近平在会议上强调,这次教育实践活动的主要任务要聚焦到作风建设上,集中解决形式主义、官僚主义、享乐主义和奢靡之风这"四风"问题。要对作风之弊、行为之垢来一次大排查、大检修、大扫除。对于净化社会诚信环境起到了很大的积极作用。

(2)学校教育重视不够

高校是大学生社会化的重要机构,对大学生的道德意识和社会行为发挥着重要的导向作用。我国的诚信教育主要集中在学校教育中,高校是当代大学生获得系统的诚信价值认识,培养诚信行为的主阵地。高校诚信教育的落实与否直接关系到大学生诚信状态的好坏,影响社会主义精神文明的建设。从总体上来说,近些年来我国高校的诚信教育取得了明显效果;但是,由于高校教育体制的改革和大众化教育的快速发展,原有的诚信教育已不再适应新变化,并且在一定程度上发挥了约束作用。

首先,由于受到应试教育等因素的影响,在我国的高校教育中,诚信教育被看成是大学的"辅助课程",教育主管部门和学校对诚信教育的定位偏低,对诚信教育的重视度不强。学校教育强调知识和技能的培训,缺乏对于诚信的深入教育。诚信教育主要体现在高校的"两课"当中,所占比例也很少,有些高校对于学生的诚信教育只是敷衍了事,走走过场。高校只注重教书而忽视育人,片面追求高升学率、高创业率、高考研率等,认为大学生在校期间只要不出事,安全毕业,就完成了管理任务。从教育内容上来说,高校的诚信教育内容过于单一,缺乏吸引力。在我国高校的诚信教育内容中,强调社会诚信价值和社会伦理精神的内容较多,而对于贴近大学生生活实际的,对于大学生具有较强吸引力的教育内容少之又少,只注重简单的理论灌输;而且,教育内容过于抽象和笼统,正面引导的内容较为充实,反面警示的内容较为缺乏。没有很好地结合我国传统的优秀文化,不能形象地传递信息。我国传统诚信教育源远流长,从古至今,有许多关于诚信的典故,如尾生抱柱守期、曾子杀猪教子、季布一诺千金、完璧归赵等关于诚信的故事都可以作为现代高校诚信教育的内容,既形象生动又具有说服力。从教育途径来说,我国的诚信教育途径比较简单,只限于学校教育和课堂教育,方法也只限于单一的灌输和说教,缺乏人文关怀。单纯的"填鸭式"教育忽视了学生的主体能动性和个体差异性,在教育过程中不能很好地根据每个学生的特点采取有针对性的教育,也造成学生对枯燥教学内容的抵触情绪,从而影响诚信教育的效果。

其次,学校管理中存在不诚信行为和一些教师的失信行为给大学生以不良示范作用。例如,个别高校的违规招生行为,学校后勤发放的"黑心棉"被子,学校行政部门的朝令夕改,重要学生干部的任用不够透明,综合测评的依据不够清晰,学生入党和保研的程序不够合理,学生的参与权、知情权和监督权不能落到实处,学校规章制度不能有效落实等问题滋长了大学生的侥幸心理和失信行为。有些教师对于学生的迟到早退、逃课等行为睁一只眼,闭一只眼;在考试过程中对学生的作弊行为开"绿灯",甚至漏题,都对大学生的诚信教育产生极大的消极作用。另外,"身教重于言教",在大学中,教师自身的失信行为,如论文抄袭等,也潜移默化地影响学生诚信观的形成。

目前,我国高校对大学生诚信考评没有硬性的量化指标,考核模式都是像其他课程一样,通过简单的思想政治理论课考试来完成,形式过于统一化和简单化,这种"一刀切"的方式在相当程度上给大学生带来了误导,认为诚信教育只是对诚信知识的掌握,诚信观念根本不能彻底深入大学生的意识中,更不用说知行合一。因此,诚信在大学生中也被认为是一件可有可无的事情。

(3)家庭教育异化

家庭是孩子成长过程中的第一所学校,父母则是孩子的第一任老师,良好的家庭教育对孩子优秀道德品质的形成有着重大影响。然而,由于种种原因,部分家长在教育孩子的过程中出现了不同程度的偏差和缺陷,从而导致孩子的失信行为。

首先,当代大学生大多数都是家里的独生子女,家庭生活较为优越,所有的一切都由父母来安排,从小过着衣来伸手,饭来张口,无忧无虑的生活。这使得他们从小就养成了"以自我为中心"的思想,不能为他人着想,宽以律己,严以待人;在困难和挫折面前只会一味地寻求保护和逃避,甚至通过欺骗的方式想方设法地躲到父母和家人的身后。对于孩子的一些失信行为,大多数家长不但不加以制止,进行正面引导,还表示赞同,认为自己的孩子聪明,头脑灵活。对于孩子的诚信教育,大多数家长只能做到要求子女对自己的家人和重要的亲戚朋友讲诚信,在外人面前,诚信与否都不重要,甚至没有必要。而且,在事关家庭和自己的利益的时候,大多数家长的诚信要求则是带有条件的,即为了自身的利益,一些失信行为是被默许的,甚至是被鼓励的。有些家长还给子女灌输"逢人只说三分话,未可全抛一片心""山中无直树,世上无真人"这样的消极诚信观点,对于孩子偶尔发生的如抄袭家庭作业、说谎等失信行为也不会加以批评教育和矫正。有的家长在日常生活中,生怕子女受到一丁点的委屈,满足他们所有的要求,不管合理与否,从而养成了他们好逸恶劳的坏习惯,导致某些大学生在失信获利的诱惑面前难以坚持道德原则。

其次,在我国的传统教育中,"望子成龙,望女成凤"的传统思想一直以来深深地根植于父母的脑海中。近些年,随着社会竞争越演越烈,这些传统思想也发挥到了极致。从小,孩子就被灌输这样的思想:长大后我要成为某一领域内的精英,要在某一领域有所作为,有所建树,并将此作为培养孩子的唯一目标,将教育重心放到书本知识和文化课的学习上,片面追求智力教育,重视孩子的学习成绩,单以数字论英雄,认为学习成绩关系到以后的前途,忽略了对子女的日常道德教育,尤其是诚信教育,认为品质好是虚无的,抓不抓都无所谓,对孩子的品德塑造漠不关心。片面地认为只要孩子考取高分,进入重点大学,就能在毕业后拥有较高的社会地位,在未来的生活中出人头地,成为"人上人"。

再次,家庭教育在孩子的成长过程中起到了至关重要的作用,父母作为孩子的第一任老师,其行为也潜移默化地影响了子女的行为。孩子每天将父母的各种行为"看在眼里,记在心里",并在自己的日常生活中模仿着家长的所作所为,因此,孩子道德品质和个性的形成与父母的言传身教有着密切关系。一些家长"利字当头"的利己主义思想和自身人格缺陷,以及在生活中的各种不诚信行为也为子女提供了坏榜样。有些家长为了让孩子好好学习或完成某件事情,经常会许诺,但却很少实现诺言,给子女带来不良影响,子女会认为父母可以不遵守约定,不践行承诺,自己也可以。有些父母当着孩子的面,在打电话或与人交流时,谎话连篇,直接影响孩子的诚实为人。

(4)法律法规不健全,落实不到位

为了保障大学生诚信教育的有效性,我国不管从国家层面还是高校本身,都制定了一系列的教育规章制度,用以对大学生的不诚信行为进行规范,建立大学生行为守则等,以达到诚信教育的目的。虽然如此,我国的诚信教育制度目前仍不是非常健全,在执行的过程中也存在一定的漏洞。在以诚信为主的道德体系建设方面,中国到目前为止,还没有形成一个完善的信用评估体系,更不用说形成失信惩罚体制和信用保障体系。大部分高校对大学生平时的学习、生活、工作表现也没有全面的考核和记录,对于那些违反诚信行为的大学生也没有处以严厉的惩罚。正是因为没有完善的评估、惩罚和监督机制,使得一些自我约束力差的学生抛弃了诚信原则,做出一些失信行为。如在大学考试过程中,一些同学会有这样心理:看到别人作弊而没有受到相应的惩罚,就会在自己不会答题的情况下,也萌生出侥幸的心理,并且付诸行动,采取相同的办法作弊等,因为他们认为即便如此,也不会怎么样。正是由于缺乏可操作性的信用约束体制,人们的失信行为就得不到应有的惩罚,诚实守信者的利益也得不到有效维护,这在一定的程度上也纵容了大学生失信行为的一再发生。

二、大学生创业过程中诚信缺失的危害

大学生创业诚信缺失对于国家、社会、学校、个人都有着极坏的影响。

(一)影响我国社会主义道德建设

社会主义道德建设是发展先进文化的重要内容。我国在加快改革开放和现代化建设的同时强调在加强社会主义发展建设、依法治国的同时,切实加强社会主义道德建设,以德治国。把法治建设与道德建设、依法治国与以德治国紧密结合起来,通过公民道德建设的不断深化和拓展,逐步形成与发展社会主义市场经济相适应的社会主义道德体系。2001 年,《公民道德建设实施纲要》颁发,把"爱国守法,明礼诚信,团结友爱,勤俭自强,敬业奉献"定为公民的基本道德规范。党的十八大报告更是将"倡导富强、民主、文明、和谐,倡导自由、平等、公正、法治,倡导爱国、敬业、诚信、友善"作为积极培育和践行社会主义核心价值观的基本内涵。诚信是道德建设的根本,是一切道德得以存在的前提。而当前大学生创业诚信缺失问题,已经严重影响了我国社会主义道德体系的建设,大学生作为受过高等教育的优秀群体,是国家未来各个领域的建设者和骨干,如果大学生诚信素质提高了,对整个社会的思想道德建设必将起到积极的示范与推动作用。

(二)影响我国市场经济建设

诚信作为一种要求,是法律的要求,也是道德规范的要求。诚实守信原则是市场经济运行的基础和保障,是建立社会主义市场经济体制必不可少的道德准则。现代市场经济是不断扩大化的交换经济、契约经济,也是面向一切市场合作与交易主体的信用经济。因而它不仅要求建立与之相适应的、可靠的诚实信用制度,而且要求市场主体具有重承诺、守信用的良好品性。毕业之后的大学生将成为社会主义市场经济建设的主体,这就要求他们形成诚实守信的良好品德,否则,就会严重影响市场经济的顺利运行和发展。

第三节　构建大学生创业诚信体系

一、教育体系

诚信教育体系主要包括义利观教育、诚信教育、公平竞争教育三个方面。

(一)义利观教育

在中国历史上就有"义利之辨"的讨论,义利观问题是每个时代的思想家们所探讨的一个重要问题。其主要讨论的就是如何对待和处理个人利益与社会利益的关系。古人云:君子喻于义,小人喻于利。正确地对待生活、工作中的义和利,是一个人成熟的标志,也是一个人人生观与价值观的集中体现。义利观教育不仅仅是对一个学生的思想教育,更是体现了一个社会的道德走向。在社会环境中,每一个大学生从一个相对受约束的环境进入了一个宽松、自由的大学生活中,面对社会的各种诱惑,在价值观与人生观上会发生很大的转变。在这个转变期,我们更应该做好大学生的义利观教育。

对大学生进行义利观教育,就是要使大学生树立正确的社会主义义利观,充分认识到国家、集体和个人利益的辩证关系。首先,要让大学生认识到在社会主义社会背景下,国家、集体和个人的利益在根本上是一致的。大学生在创业过程中必须正确处理三者的辩证关系。其次,要让大学生认识到国家、集体和个人的利益又是有区别的。国家、集体的利益高于个人利益,在这三者发生矛盾时,个人的创业意愿必须服从国家、集体的需要。最后,要让大学生认识到,在强调国家、集体利益的同时,我们必须充分认识到个人的正当利益,在满足国家、集体利益的前提下,必须尽可能地尊重个人的利益,充分满足大学生的创业选择。这就要求一方面要反对否认个人正当利益的倾向,另一方面还要反对过分强调个人利益的个人主义倾向。

(二)诚信教育

《公民道德建设实施纲要》要求:"各级各类学校要把培养学生的诚实守信品质作为学校的重要工作之一,把诚信教育作为大中小学生思想道德建设的重要内容渗透到学校教育的各个环节。"诚信道德教育是新形势下高校思想政治工作的重要组成部分。对大学生进行以诚信教育为基础的思想道德教育,是全面贯彻党的教育方针的必然要求,是全面推进素质教育的具体体现。大学生是社会主义现代化建设的重要力量,大学生的诚信品质,关系到良好社会风尚的形成和中华民族的未来,必须加强大学生的诚信道德建设。

诚信是大学生健康成长的前提。大学生树立诚信道德观,才能科学地对待自己和一切客观事物,才能有利于自身人格的健全与升华。诚信是大学生创业成功的重要保证,社会主义市场经济的正常运行需要每个人诚实守信、遵守契约。诚信是大学生为人处世之本。在社会交往中,如果一个人缺乏应有的诚信品质,不讲信誉,很难在社会上立足。大学生树立诚信道德观,培养诚实守信的优良品质,奠定立足现代社会的道德基石,才能成为高素质的人才,承担起社会责任和历史使命。

大学生作为一个特殊的群体,在走向社会的同时,诚信也会从其个人的道德品质变成社会对其成员的基本道德要求,正是因为当代大学生在创业过程中存在这样或那样的诚信问题,所以进行创业指导时必须对大学生进行相应的诚信教育。针对当前大学生在创业过程中存在的不诚信行为,要通过多种形式、多种载体、多种手段,深入开展创业诚信教育。

（三）公平竞争教育

公平竞争是社会主义市场经济的一条重要法则,在大学生创业过程中同样适用。现代竞争是综合素质的竞争,大学生应该把自己的努力方向与社会需要很好地结合起来,根据社会需要来调整自己的发展方向,使自己成为一名满足社会需要的合格人才。学校应积极教育、引导大学生正视创业竞争,树立公平竞争观念,依靠自身的综合素质参与竞争,采取正当的手段与他人竞争。一方面,要使大学生认识到,德才兼备的综合素质才是自己创业成功的重要保障,并通过不断努力来提高自己的综合素质,成为一名德才兼备的优秀人才;另一方面,要教育大学生正视和承认对大学生创业公平竞争产生不利影响的客观因素,使他们认识到随着社会的不断进步,创业市场的日益完善,影响创业公平竞争的不利因素会逐渐减弱,从而让他们能以一个正确的心态来面对创业竞争。

二、制度体系

（一）要构建大学生创业诚信体系,必须建立、健全法律保障

要通过立法明晰毕业生、校方各自的权利、责任、义务及应遵守的规则,保障毕业生自主创业顺利进行,毕业生创业形势正常发展。

（二）要构建大学生创业诚信体系

还必须建立大学生创业的诚信监督机制。诚信体系的建设不仅要靠学生的自律和制度的规范,还要发挥群众和舆论的监督作用,在全社会形成维护诚信的有效激励和约束机制。首先,应当建立仲裁公证制度,有效防止创业过程中不诚信行为的发生。其次,要建立有效的监督机制,保证大学生创业的健康发展。再次,可以利用现代科学技术,对毕业生、工商部门、学校进行有效监督。

参考文献

[1]蔡杰,刘芸.基于校企合作的高校大学生创新创业平台构建[J].大学教育, 2015,(9):18—19.

[2]蔡松伯,王东晖,王小方.大学生创新创业指导[M].成都:西南财经大学出 版社,2016.

[3]曹胜利,雷家骕.中国大学创新创业教育发展报告[M].北京:北京联合出 版传媒,2009.

[4]柴旭东.论高校创业教育教师队伍建设[J].大学(学术版),2010,(4): 33—41.

[5]陈爱雪."互联网+"背景下大学生创新创业教育的新模式探究[J].黑龙江 高教研究,2017,(4):142—144.

[6]陈瑞英,顾征.新世纪日本高校的创业教育[N].科学时报,2010—9—14.

[7]陈晓暾,陈李彬,田敏.创新创业教育入门与实战[M].北京:清华大学出版 社,2017.

[8]陈雪钧.国外高校创业教育的比较与启示[J].科学咨询(科技·管理), 2014,(11):22—23.

[9]陈玉娟.大学生创新创业教育研究[D].河北师范大学硕士论文,2013.

[10]褚东升,唐波,赵相.加强我校大学生创新创业教育的研究和实践[J].硅 谷,2008,(15):139+160.

[11]代渝渝.新媒体提升大学生创新创业意识的途径探析[J].知识经济, 2017,(3):179—180.

[12]戴育滨.构建高校大学生创业教育体系的探索与实践[J].教育与职业, 2008,(30):58—59.

[13]丁欢,汤程桑.创新与创业教育指导[M].南京:南京大学出版社,2015.

[14]杜佳蕾.论知识产权实务在大学生创新创业中的运用[J].楚天法治,

2016,(6):66.

[15]段辉琴,陆俊.大学生创新创业精神培育路径[J].继续教育研究,2017,
(2):16—18.

[16]何桂玲,陈泽凡,廖志凯.新常态下大学生创新创业的资源支持研究[J].
佳木斯职业学院学报,2015,(7):297.

[17]洪涛.应用型本科院校创新创业教育评价体系的构建[J].齐齐哈尔大学
学报(哲学社会科学版),2015,(11):145—147.

[18]黄斌,张小军,孙迪.大学生创新思维与创业实务[M].南京:南京大学出
版社,2011.

[19]金炳华.马克思主义哲学大辞典[M].上海:上海辞书出版社,2003.

[20]客慧明,王小逸,林兴桃.创新实验教学模式的探索与实践[J].中国现代
教育装备,2012,(21):87—89.

[21]赖浩明,卢建飞.大学生创业教育社会支持体系的现状及反思[J].科技
风,2016,(18):221—222.

[22]兰华.新常态下大学生创新创业能力提升探索[J].中国成人教育,2016,
(15):79—81.

[23]雷波.新常态下工科大学生创新创业教育的现状与对策——以南京农业
大学工学院为例[J].产业与科技论坛,2016,(6):127—128.

[24]雷聪聪,景创杰.新常态下大学生创新创业的法律保障研究[J].太原城市
职业技术学院学报,2016,(9):31—32.

[25]李时椿,常建坤.大学生创业与高等院校创业教育[M].北京:国防工业出
版社,2004.

[26]李肖明.大学生创业精神导论[M].北京:清华大学出版社,2011.

[27]李新仓,杨晓非.国外高校创业教育实践及对我国的启示[J].教育探索,
2008,(9):138—139.

[28]李亚员.创新创业教育:内涵阐释与研究展望[J].思想理论教育,2016,
(4):83—87.

[29]李永山,陆克斌,卞振平.大学生创新创业教育发展与保障研究[M].北
京:中国建材工业出版社,2016.

[30]梁坤伦.新常态下高校创新创业教育现状与模式创新[J].黄河科技大学
学报,2015,(6):116—118.

[31]梁潘,袁继敏.经济新常态下高职生创新创业培育路径的选择与创新——

基于校地双方共育视角[J].包头职业技术学院学报,2017,(1):77—79+83.

[32]林明惠.慕课时代下大学生创业教育课程体系构建[J].重庆交通大学学报(社会科学版),2016,(1):89—93.

[33]林仕岛,李汶锦,刘思雨等.新加坡高校创业教育机制模式及其路径研究：以南洋理工大学为例[J].海南广播电视大学学报,2015,(2):122—126.

[34]刘海春,谢秀兰,娄会东.中外创新创业教育理论与实践[M].广州:广东高等教育出版社,2016.

[35]刘军.我国大学生创业政策体系研究[D].山东大学硕士学位论文,2015.

[36]刘艳彬,李兴森.大学生创新创业教程[M].北京:人民邮电出版社,2016.

[37]刘泽文.大学生创业政策反思:政策解构与转型:基于"输入—过程—输出"的分析维度[J].教育发展研究,2015,(17):62—67.

[38]罗文丰,蒋莹,钟平峰.大学生创新创业教育的课程体系构建分析[J].科学咨询:科技·管理,2016,(23):14+16.

[39]骆守俭.创业精神导论[M].北京:高等教育出版社,2012.

[40]彭怀祖.大学生创新创业教育教程[M].北京:科学出版社,2017.

[41]尚大军.大学生创新创业教育的课程体系构建[J].教育探索,2015,(9):78.

[42]佘国庆."互联网+"新常态下大学生创新创业教育实践的必要性和对策建议研究[J].中外交流,2016,(30):174—176.

[43]石丹林,谌虹.大学生创业理论与实务[M].北京:清华大学出版社,2012.

[44]宋华.新常态下的大学生创新创业教育发展路径探析[J].新教育时代电子杂志:教师版,2017,(20):66—71.